शासक मुहम्मद बिन तुग़लक़: विरोधाभासों का सम्मिश्रण

डॉO तनुजा कुमारी

Made with ♥ on the Notion Press Platform
www.notionpress.com

क्रम-सूची

शासक मुहम्मद बिन तुग़लक़ : विरोधाभासों का सम्मिश्रण

डॉ० तनुजा कुमारी
असिस्टेंट प्रोफेसर एवं भूतपूर्व विभागाध्यक्ष इतिहास विभाग,
बी. बी. एम. के. यू . धनबाद ,झारखण्ड
झारखंड लोक सेवा आयोग की परीक्षा में झारखंड पुलिस सेवा में पुलिस
उपाधीक्षक के पद पर चयनित
बी.ए.इतिहास [प्रतिष्ठा]विश्वविद्यालय गोलड मेडलिस्ट
एम.ए. इतिहास विश्वविद्यालय गोलड मेडलिस्ट
नेट,पीएचडी

लेखकीय

प्रस्तुत पुस्तक "शासक मुहम्मद बिन तुग़लक़ : विरोधाभासों का सम्मिश्रण" इतिहास में रुचि रखने वाले तथा स्नातक व स्नातकोत्तर कक्षा में अध्ययनरत छात्रों एवं विभिन्न प्रतियोगी परीक्षाओं में सम्मिलित होने वाले अभ्यर्थियों के लिये एक मील का पत्थर साबित होगा, ऐसी मैं आशा करती हूँ। इस पुस्तक में मुहम्मद बिन तुग़लक़ के जीवनी, कार्य,विदेश निति ,गृह निति के विषय में जानकारी प्रचुर मात्रा में उपलब्ध है । इस पुस्तक की भाषा सरल ,सहज और सुबोध है, जो छात्रों के लिये लाभदायक होगी ,ऐसा मेरा विश्वास है। मुहम्मद बिन तुग़लक़ ,एक विरोधाभासों से भरा शासक रहा था ,तथा इनके कार्य समय से पहले के थे तथा इन्हे विरोधाभासों का सम्मिश्रण कह कर सम्बोधित किया गया है । इस कथन के अलोक में मैं यह आशा करती हूँ कि इस पुस्तक में भी कमियाँ रह गयी होंगी। मैं अपने सभी पाठकों से यह निवेदन करती हूँ कि वे अपने बहुमूल्य एवं रचनात्मक सुझावों से भविष्य में इस पुस्तक को और अधिक सारगर्भित बनाने में मेरी सहायता करेंगे।

डॉ ०तनुजा कुमारी

भूमिका

मुहम्मद बिन तुगलक एक सशक्त एवं कुशल शासक था और मध्य युग का सबसे विरोधाभासी राजकुमार था। स्टेनली लेनपूल ने उलुग खान, मुहम्मद बिन तुगलक के विषय में टिप्पणी की है--"मुहम्मद बिन तुगलक मध्यकालीन भारत का सबसे आक्रामक व्यक्ति था। वह अपनी उम्र के आगे के विचारों वाले व्यक्ति थे।" राजकुमार जौना , ईलियास उलुग खान प्रभावशाली व्यक्तित्व का मालिक था , जो अपने पिता गियास-उद-दीन तुगलक की मृत्यु के तीन दिन बाद सिंहासन पर मार्च 1325 ई. में मुहम्मद बिन तुगलक की उपाधि धारण कर सिंहासन पर बैठा ।

मुहम्मद बिन तुगलक एक सशक्त एवं कुशल शासक था और मध्य युग का सबसे विरोधाभासी राजकुमार था। स्टेनली लेनपूल ने उलुग खान, मुहम्मद बिन तुगलक के विषय में टिप्पणी की है--"मुहम्मद बिन तुगलक मध्यकालीन भारत का सबसे आक्रामक व्यक्ति था। वह अपनी उम्र के आगे के विचारों वाले व्यक्ति थे।" राजकुमार जौना , ईलियास उलुग खान प्रभावशाली व्यक्तित्व का मालिक था , जो अपने पिता गियास-उद-दीन तुगलक की मृत्यु के तीन दिन बाद सिंहासन पर मार्च 1325 ई. में मुहम्मद बिन तुगलक की उपाधि धारण कर सिंहासन पर बैठा ।

मुहम्मद बिन तुगलक में कुछ दुर्लभ गुण थे, जो प्रतिभा को औसत दिमाग से अलग करते थे। इसकी पुष्टि उसके शासनकाल के दो समकालीन इतिहासकारों बरनी और इब्न बतूता दोनों ने की है। दोनों ने उनकी बुद्धिमत्ता, उनके दिमाग की तीव्र जिज्ञासा और उनके ज्ञान की गहन बहुमुखी प्रतिभा पर असीम प्रशंसा और आश्चर्य व्यक्त किया है, जिसने मानविकी की सभी शाखाओं (तर्क, दर्शन, खगोल विज्ञान, गणित, साहित्य, कविता, भाषा) को शामिल किया है।), वह फ़ारसी और अरबी दोनों भाषाएँ जानते थे (इसके बावजूद कई स्थानीय भाषाएँ भी)। उनकी रुचि ललित कलाओं ,विशेषकर संगीत में थी और उन्होंने कलाकारों को संरक्षण दिया। उनकी याददाश्त अद्भुत थी और उनकी बुद्धि तीक्ष्ण थी। उन्होंने फ़ारसी की कई कविताएँ कंठस्थ कर ली थीं और उसका अच्छी तरह उपयोग भी करते थे तथा अपनी बातचीत में फ़ारसी छंदों का उद्धरण भी करते थे। अरस्तू का दर्शन उनके द्वारा अच्छी तरह से जाना और पढ़ा गया था। बरनी, ने मुहम्मद को "सृष्टि का एक वास्तविक आश्चर्य" बताया है, जिनकी क्षमताओं ने अरस्तू

और आसफ जैसे लोगों को आश्चर्यचकित कर दिया होगा। इसी प्रकार अन्य इतिहासकारों ने भी मुहम्मद के गुणों का वर्णन किया है। एडवांस्ड हिस्ट्री ऑफ इंडिया के लेखकों ने कहा है, ''मुहम्मद बिन तुगलक वास्तव में एक असाधारण व्यक्तित्व थे और इतिहास में उनका स्थान निर्धारित करना एक कठिन कार्य है।''स्टेनली लेनपूल ने जिन गुणों और अन्य विशेषताओं की चर्चा की, उनमें कहा गया था कि "मुहम्मद बिन तुगलक मध्यकालीन भारत में सबसे योग्य व्यक्ति था। वह अपनी उम्र से कहीं आगे के विचारों वाला व्यक्ति था।"

अपने निजी जीवन में भी मुहम्मद ने खुद को राजशाही की पारंपरिक शक्तियों से अलग रखा। इब्न बतूता ने उन्हें "एक ही समय में सबसे विनम्र, न्यायप्रिय और उदार व्यक्ति" बताया है। एक कट्टर सुन्नी मुसलमान, वह हिंदुओं के प्रति एक कट्टर कट्टरपंथी की कट्टरता से पूरी तरह से रहित था। बरनी ने भी तुगलक के इस गुण की पुष्टि की है। तुगलक को लेकर विवाद हैं, इतिहासकार स्वयं विरोधाभासी टिप्पणियों में फंसे हुए हैं। मुहम्मद बिन तुगलक ,वास्तव में एक असाधारण व्यक्तित्व थे और इतिहास में उनका स्थान निर्धारित करना एक कठिन कार्य है कि वह प्रतिभाशाली थे या पागल? आदर्शवादी या दूरदर्शी? एक खून का प्यासा तानाशाह या एक परोपकारी तानाशाह या एक परोपकारी राजा? एक विधर्मी या एक भक्त मुसलमान? इसमें कोई संदेह नहीं है कि वह अपने समय के सबसे विद्वान और निपुण विद्वानों में से एक थे, जिसके लिए बरनी और अन्य लोगों ने उनकी विधिवत प्रशंसा की है।

1

मुहम्मद बिन तुग़लक़ : एक परिचय

मुहम्मद बिन तुगलक एक सशक्त एवं कुशल शासक था और मध्य युग का सबसे विरोधाभासी राजकुमार था। स्टेनली लेनपूल ने उलुग खान, मुहम्मद बिन तुगलक के विषय में टिप्पणी की है--"मुहम्मद बिन तुगलक मध्यकालीन भारत का सबसे आक्रामक व्यक्ति था। वह अपनी उम्र के आगे के विचारों वाले व्यक्ति थे।" राजकुमार जौना , ईलियास उलुग खान प्रभावशाली व्यक्तित्व का मालिक था , जो अपने पिता गियास-उद-दीन तुगलक की मृत्यु के तीन दिन बाद सिंहासन पर मार्च 1325 ई. में मुहम्मद बिन तुगलक की उपाधि धारण कर सिंहासन पर बैठा । जिस तरह से उन्होंने छब्बीस साल तक शासन किया ,यह विद्वानों पर लगातार प्रभावित्त किया जो अक्सर उनके शासन को विरोधाभास के रूप में साबित करने की कोशिश करते थे, और हम यह देखते हैं की इतिहासकार खुद ही एक दूसरे के लिए पूरी तरह से विरोधाभासी टिप्पणियों में फंस गए थे।

सीमांत गवर्नर फक्र-उद-दीन ,मुहम्मद जौना खान ने सबसे बड़े बेटे को एक सैनिक के रूप में पालन पोषण किया था। एक बालक के रूप में भी उन्होंने इस पेशे में खुद को प्रतिष्ठित किया। उनकी साहित्यिक योग्यताओं से हमें पता चलता है कि उन्होंने अच्छी साहित्यिक शिक्षा प्राप्त की थी। उनका पहला महत्वपूर्ण पद खुसरव शाह के अधीन अस्तबल के स्वामी का था। फक्र-उद-दीन एक महत्त्वाकांक्षी युवक था, जिसने सिंहासन तक पहुंचने की संभावना में खुसरव के खिलाफ़ संघर्ष शुरू कर दिया था, और ऐसा माना जाता है कि उसने ही अपने पिता को 1320 ई.में दिल्ली का सुल्तान बनने के लिए प्रेरित किया था। सिंहासन पर बैठने का

उसका सपना इस तरह पूरा हुआ था ,जब उन्हें उलुग खान की उपाधि के साथ उत्तराधिकारी नियुक्त किया गया

1321ई. में वारंगल में उनका अभियान विनाशकारी रूप से विफल साबित हुआ था । दो साल पश्चात उन्हें फिर से प्रतापरुद्र देव के पास समर्पण के लिए भेजा गया। इस बार वह वारंगल के शासक को पराजित किया और उसे बंदी बनाकर दिल्ली लाने में सफल रहा। ग्यास -उद-दीन ने इब्न बतूता के कहे अनुसार एक महल का निर्माण करने का आदेश दिया था, जहां वह रात गुजारने की सोचा था और फिर अगली सुबह उत्सव की शृंखला में राजधानी की ओर प्रस्थान करने की योजना बनायी थी । उलुग खान ने सुल्तान की मौत के लिए सार्वजनिक कार्यों के प्रभारी मंत्री अहमद अयाज़ के साथ साजिश रची। अति अल्प सूचना पर एक लकड़ी के महल का निर्माण ,इस प्रकार किया गया था कि यदि किसी विशेष बिंदु पर विशेष दबाव डाला जाए तो वह ढह जाए। इससे सुल्तान की मृत्यु की साजिश की गयी जिससे उलुग खान ,सुल्तान बन जाए और अहमद खान ,राज्य में सर्वोच्च पद प्राप्त कर ले।

जब सुल्तान राजधानी में प्रवेश किया तो वह अपने स्वागत से प्रसन्न हुआ और दोपहर में आयोजित भव्य दावत में प्रमुख आमीरों , उलुग खान और शेख रुकनुद्दीन के साथ शामिल हुआ । जैसे ही भोजन समाप्त हुआ, आमिर बाहर चले गए और सुल्तान अंदर ही रह गया , तथा सुसज्जित हाथी सम्राट को सलाम करते हुए एक ही पंक्ति में चल रहे थे । अचानक ढांचा ढह गया और सुल्तान मलबे में दब गया। उसे बाहर निकालने में कुछ समय लगा और उसे मृत घोषित कर ,तुरंत दफना दिया गया 'तारीख -ए-मुबारकशाही' के अनुसार, यह घटना फरवरी 1325 ई. में घटित हुआ था। समकालीन इतिहासकार जिआउद्दीन बरनी, इस घटना पर एक संक्षिप्त तौर पर कहते हैं, "आसमान से विपत्ति का एक ऐसा तूफ़ान गिरा कि महल ढह गया और उसके सभी निवासी मारे गए"। इतिहासकार जैसे निज़ामुद्दीन अहमद, बदायूँनी और अबू फ़ज़ल ने उलुग खान को पितृहत्या का दोषी ठहराया है । अधिकांश आधुनिक विद्वान वूल्सले हैग और डॉ. ईश्वरी प्रसाद भी ,उलुग खान को हत्या का दोषी मानते हैं।

इस दृष्टिकोण के समर्थन में दिए गए मुख्य तर्क निम्नलिखित हैं :

1. इब्न बतूता को शेख फक्र-उद-दीन से विवरण मिला जो एक प्रत्यक्षदर्शी था। उन्होंने अपने वतन लौटने पर अपनी यादें लिखीं। उसे महम्मद बिन तुगलक से ऐसी कोई शिकायत नहीं थी कि वह उसकी प्रतिष्ठा को धूमिल करने के लिए कोई कहानी गढ़े।

2. बरनी ने प्रकाश के एक झटके के बारे में असमान रूप से बात नहीं की है। उनका ब्यान यह था कि यह अचानक और विनाशकारी था। हालाँकि, उनका तर्क गलत हो सकता है क्योंकि वह मुहम्मद बिन तुगलक के समर्थक थे ।

3. याह्या ने प्रकाश के आघात का कोई उल्लेख नहीं किया है। निज़ामुद्दीन अहमद बहुत संतुलित इतिहासकार हैं। उन्होंने प्रकाश व्यवस्था के आघात की कहानी को राजकुमार को साजिश से मुक्त करने के लिए एक नई मनगढ़ंत कहानी के रूप में खारिज कर दिया, बदायूँनी भी इस दृष्टिकोण का समर्थन करता है।अबुल फज़ल को सभी जानकारी उपलब्ध होने का लाभ मिला। वह भी ''लाइटिंग स्ट्रोक'' सिद्धांत का सम्मान करते हैं।

4. यदि राजकुमार के कोई बुरे इरादे नहीं थे तो, महल राजधानी के इतना करीब क्यों था और उसे मेहमानों के बाहर जाने के बाद ही हाथियों के साथ परेड क्यों करवानी पड़ी थी?

5. उलुग खान महत्वाकांक्षी माना जाता था। वह इससे पहले भी विद्रोह का दोषी था और सोचता था कि इस बात की कोई गारंटी नहीं है कि सुल्तान उसके उम्मीदवारी पर कायम रहेगा। अहमद अयाज़ ,उस महल के निर्माण के लिए जिम्मेदार थे जिसके ढहने से सुल्तान की मृत्यु हो गई। इसलिए वह सज़ा का हकदार था। लेकिन इसके बदले उन्हें 'वज़ीर' का पद और 'ख्वाजा जहाँ' की उपाधि से पुरस्कृत किया गया। इससे मालूम होता है कि मुहम्मद बिन तुगलक ने जाहिर तौर पर कुछ आभार व्यक्त किया था, महल के बनावट के अलावा कुछ भी नहीं था,जिस कारण उसे जिम्मेदार नहीं ठहराया जा सकता था । लेकिन डॉ. मेहदी हुसैन उलुग खान को सभी दोषों से मुक्त कर देते हैं। उनके तर्कों को संक्षेप में इस प्रकार प्रस्तुत किया जा सकता है:

1. मुहम्मद बिन तुगलक की आत्मकथा के अनुसार (एक अप्रकाशित कृति) ग्यासुद्दीन की जुलाई में मृत्यु हो गई, जब वज्रपात काफी कमजोर था।

2. ऐन-उल-मुल्क मुल्तानी ने अपने एक पत्र में स्वीकार किया है कि महल को मजबूती से बनाया गया था।

3. फ़िरोज़, मुहम्मद बिन तुगलक के प्रति इतना समर्पित नहीं था कि वह उसकी उचित आलोचना को सहन न कर सके। 'सीरत-ए-फ़िरोज़शाही' में उन्होंने स्वयं को अपने पूर्ववर्ती के व्यक्तियों के रूप में प्रस्तुत किया है।

4. बरनी ने कई स्थानों पर मुहम्मद बिन तुगलक की कड़ी आलोचना की है। यदि वे पितृहत्या के दोषी होते तो इसका उल्लेख अवश्य करते। फ़रिश्ता भी बरनी का समर्थन करते है।

5. इब्न बतूता धर्मशास्त्री समूह से संबंधित था जो मुहम्मद बिन तुगलक का बहुत विरोधी था। उसका विवाह माबर के शासक के परिवार में हुआ था जो मुहम्मद बिन तुगलक का शत्रु था। उन्होंने बाज़ार की गपशप पर आधारित अनेक काल्पनिक कहानियाँ लिखी थीं। इसलिए उसकी गवाही पूरी तरह विश्वसनीय नहीं है।

6. मुहम्मद बिन तुगलक एक महान चरित्र का व्यक्ति था और वह दोषी नहीं हो सकता था । संपूर्ण साक्ष्यों की निष्पक्ष जांच से पता चलता है कि उलुग खान के पक्ष में पलड़ा ज्यादा भारी है और अहमद अयाज ,की पदोन्नति लगभग निर्णायक रूप से उनके अपराध को साबित करती है। कुछ लोगों ने यह राय व्यक्त की है कि जो कथन निज़ामुद्दीन औलिया के मुँह से निकल गया था ,वह उनकी आध्यात्मिक शक्तियों के कारण अवश्य निकला था। इसलिए इसने सुल्तान की मृत्यु के लिए एक अभिशाप के रूप में काम किया। एक अन्य लेखक ने कहा है कि उलुग खाँ एक महान जादूगर था। उसने जादू से महल खड़ा किया था और जैसे ही उसने अपना जादू वापस लिया, वह स्वाभाविक रूप से ढह गया। हालाँकि, अभी भी विरोधाभास बना हुआ है कि वह हत्यारा था या नहीं।

ग्यासुद्दीन की मृत्यु के तीन दिन बाद, मार्च 1325 में उलुग खान , चालीस दिनों तक तुगलकाबाद में रहे, जिसके बाद उन्होंने राज्य में दिल्ली शहर तक मार्च किया और अपनी मुहर लगा दी । मुहम्मद शाह की उपाधि के साथ बलबन के लाल महल में सिंहासन पर बैठा। स्वागत के लिए राजधानी को सजाया गया था। उन्होंने तीन दिनों के बाद ही सिंहासन पर कब्जा कर लिया क्योंकि सिंहासन को खाली रखना साम्राज्य की सुरक्षा और शांति के लिए खतरा साबित होता। हालाँकि, राजा द्वारा किसी भी उत्सव की अनुमति नहीं दी गई थी। इसके विपरीत, उसने अपने पिता की मृत्यु की सुबह , निशान के तौर पर खुद ही काला पहन लिया। अलाउद्दीन खिलजी के समान राजा ने जनता के बीच सोने और चांदी के सिक्के वितरित किये थे । उसे सुल्तान का ताज पहनाया गया था और बड़े पैमाने पर जश्न मनाया गया। ऐसा प्रतीत होता है कि लोगों को उनसे महान कार्यों की आशा थी और वे भी दिल्ली के पिछले सुल्तान की तुलना में बेहतर प्रदर्शन करने के प्रति आश्वस्त थे।

हालाँकि, यह बहुत आश्चर्य की बात है कि उनका परिग्रहण, बिना किसी चुनौती के कैसे हो गया। समसामयिक इतिहासकार, मुहम्मद के राज्यारोहण पर किसी दल या व्यक्ति द्वारा विरोध का उल्लेख नहीं करते हैं। उनके चार भाई थे- मुबारक खान, नुसरत खान, मसूद खान और महमूद खान। इनमें से महमूद खान संभवतः

दिवंगत सुल्तान के साथ अफगानपुर में मारा गया था। नुसरत खान सुल्तान मुहम्मद के शासनकाल के दौरान रहते थे और मुबारक खान ने कोई विरोध नहीं किया और उन्हें, उनके अधीन मीर दाद का पद दिया गया। सुल्तान ग्यासुद्दीन एक बहुत लोकप्रिय शासक थे, उनकी हत्या से कोई स्वाभाविक नाराजगी नहीं थी और न ही उनके चार भाइयों ने स्थिति का फायदा उठाने की कोशिश की थी। इसके कई कारण हैं, उलुग खान सबसे सक्षम था और उसके पास सैन्य और नागरिक मामलों का अनुभव था। वह तेलंगाना अभियान में सफल रहे था और केंद्र सरकार पर पहले से ही उनकी पकड़ होने के कारण उन्हें उत्तराधिकारी नामित किया गया। इस प्रकार, वह शक्तिशाली हो गया था और उसकी शक्ति और सफलता ने किसी को भी उसके देशभक्त होने का दावा करने का मौका नहीं दिया। मुहम्मद बिन तुगलक को निज़ामुद्दीन औलिया का आशीर्वाद और अनुग्रह प्राप्त था। इस प्रकार दरबार में निज़ाम के अनुयायियों और जनता में कोई विरोध उत्पन्न नहीं हुआ।

मध्ययुगीन मुस्लिम राजवंशों में ऐसी हत्याएँ काफी आम थीं, इसलिए पितृहत्या का कार्य इतना निंदनीय नहीं लगता था, जितना कि दिखना चाहिए था। अंततः अधिकांश लोग स्वार्थ से निर्देशित हुए थे । कुलीन और प्रांतीय गवर्नर संप्रभु के प्रति इतने समर्पित नहीं थे कि वे विरोध के बाद भी ऐसा कर सकें। अनिश्चितकालीन कानून के कारण, कोई भी बलपूर्वक सिंहासन सुरक्षित कर सकता था। परिणामस्वरूप विद्रोहों और शासकों के परिवर्तन को जनता के हाथों तत्पर समर्थन प्राप्त हुआ। यही कारण है कि सल्तनत काल के दौरान, अलाउद्दीन ,काफूर या नसीरुद्दीन खुसरव को व्यावहारिक रूप से सिद्धांत या पिछले शासक के प्रति वफादारी के आधार पर विरोध का सामना करना पड़ता था । इन्हीं कारणों से महमूद के उत्तराधिकार को बिना किसी विरोध के मंजूरी दे दी गई और उसे सुल्तान मान लिया गया

मुहम्मद बिन तुगलक में कुछ दुर्लभ गुण थे, जो प्रतिभा को औसत दिमाग से अलग करते थे। इसकी पुष्टि उसके शासनकाल के दो समकालीन इतिहासकारों बरनी और इब्न बतूता दोनों ने की है। दोनों ने उनकी बुद्धिमत्ता, उनके दिमाग की तीव्र जिज्ञासा और उनके ज्ञान की गहन बहुमुखी प्रतिभा पर असीम प्रशंसा और आश्चर्य व्यक्त किया है, जिसने मानविकी की सभी शाखाओं (तर्क, दर्शन, खगोल विज्ञान, गणित, साहित्य, कविता, भाषा) को शामिल किया है।), वह फ़ारसी और अरबी दोनों भाषाएँ जानते थे (इसके बावजूद कई स्थानीय भाषाएँ भी)। उनकी रुचि ललित कलाओं ,विशेषकर संगीत में थी और उन्होंने कलाकारों को संरक्षण दिया। उनकी याददाश्त अद्भुत थी और उनकी बुद्धि तीक्ष्ण थी। उन्होंने फ़ारसी

की कई कविताएँ कंठस्थ कर ली थीं और उसका अच्छी तरह उपयोग भी करते थे तथा अपनी बातचीत में फ़ारसी छंदों का उद्धरण भी करते थे। अरस्तू का दर्शन उनके द्वारा अच्छी तरह से जाना और पढ़ा गया था। बरनी, ने मुहम्मद को "सृष्टि का एक वास्तविक आश्चर्य" बताया है, जिनकी क्षमताओं ने अरस्तू और आसफ जैसे लोगों को आश्चर्यचकित कर दिया होगा। इसी प्रकार अन्य इतिहासकारों ने भी मुहम्मद के गुणों का वर्णन किया है। एडवांस्ड हिस्ट्री ऑफ इंडिया के लेखकों ने कहा है, ''मुहम्मद बिन तुगलक वास्तव में एक असाधारण व्यक्तित्व थे और इतिहास में उनका स्थान निर्धारित करना एक कठिन कार्य है।''स्टेनली लेनपूल ने जिन गुणों और अन्य विशेषताओं की चर्चा की, उनमें कहा गया था कि "मुहम्मद बिन तुगलक मध्यकालीन भारत में सबसे योग्य व्यक्ति था। वह अपनी उम्र से कहीं आगे के विचारों वाला व्यक्ति था।"

अपने निजी जीवन में भी मुहम्मद ने खुद को राजशाही की पारंपरिक शक्तियों से अलग रखा। इब्न बतूता ने उन्हें "एक ही समय में सबसे विनम्र, न्यायप्रिय और उदार व्यक्ति" बताया है। एक कट्टर सुन्नी मुसलमान, वह हिंदुओं के प्रति एक कट्टर कट्टरपंथी की कट्टरता से पूरी तरह से रहित था। बरनी ने भी तुगलक के इस गुण की पुष्टि की है। तुगलक को लेकर विवाद हैं, इतिहासकार स्वयं विरोधाभासी टिप्पणियों में फंसे हुए हैं। मुहम्मद बिन तुगलक ,वास्तव में एक असाधारण व्यक्तित्व थे और इतिहास में उनका स्थान निर्धारित करना एक कठिन कार्य है कि वह प्रतिभाशाली थे या पागल? आदर्शवादी या दूरदर्शी? एक खून का प्यासा तानाशाह या एक परोपकारी तानाशाह या एक परोपकारी राजा? एक विधर्मी या एक भक्त मुसलमान? इसमें कोई संदेह नहीं है कि वह अपने समय के सबसे विद्वान और निपुण विद्वानों में से एक थे, जिसके लिए बरनी और अन्य लोगों ने उनकी विधिवत प्रशंसा की है।

अपने निजी जीवन में सुल्तान ,युग के प्रचलित पूर्वाग्रहों से मुक्त था, और उसकी आदतों में उल्लेखनीय विनम्रता और उदारता थी, वह उपहार और उपहार बांटने में भी उदार था। इब्न बतूता ने उन्हें "सबसे विनम्र व्यक्ति और जो सही और न्यायपूर्ण काम करने के लिए सबसे अधिक इच्छुक है" के रूप में वर्णित किया है। बरनी, याहिया बिन अहमद सरहिंद और उनके अधिकार पर, बदायूँनी, निज़ाम-उद-दीन अहमद और फ़रिश्ता जैसे लेखकों ने सुल्तान पर अधर्म और पवित्र और विद्वान पुरुषों, शास्त्रियों और सैनिकों की हत्या का गलत आरोप लगाया है।

इब्न बतूता का दावा है कि, "वह धर्म के सिद्धांतों का निष्ठा से पालन करता है और स्वयं प्रार्थना करता है और उनकी उपेक्षा करने वालों को दंडित करता है"।

इसकी पुष्टि दो अन्य समकालीन लेखकों, शिहाब-उद-दीन अहमद और बद्र-ए-चाच ने की है और यहां तक कि फ़रिश्ता को भी इसे तथ्य को स्वीकार करना पड़ा है। मुहम्मद-बिन-तुगलक का मुख्य अपराध यह था कि, संभवतः खिलजी के उदाहरण से प्रेरित होकर, "उसने विधि कानून की अनदेखी की" जैसा कि विद्वान इतिहासकारों ने बताया था और अपने राजनीतिक निर्णय और सामान्य ज्ञान को आधार बनाया और बल्कि अपने सैद्धांतिक ज्ञान से ग्रस्त होकर ऊंचे सिद्धांतों में लिप्त हो गया । हालाँकि उनकी योजनाएँ सैद्धांतिक रूप से सही थीं, और कभी-कभी राजनीतिक अंतर्दृष्टि की झलक दिखाती थीं, लेकिन वास्तविक संचालन में अव्यावहारिक साबित हुई और अंततः उनके राज्य में आपदा लायीं। इसका कारण उसके चरित्र में कुछ गंभीर दोष थे। मुहम्मद ,जल्दबाज़ और गुस्सैल स्वभाव के थे , उसके अपने तरीके थे और वह कोई विरोध बर्दाश्त नहीं करता था। अपनी नीति की विफलता की बढ़ती भावना ने उसे लोगों पर विकृति का आरोप लगाने के लिए मजबूर कर दिया और उसकी गंभीरता को बढ़ाते हुए अपने उद्देश्यों में विफल रहा, सुल्तान ने अपने दिमाग का संतुलन खो दिया था । "शर्मिंदगी के बाद शर्मिंदगी हुई और भ्रम अधिक जटिल हो गया"।

बरनी से बातचीत के दौरान उन्होंने कहा था “मैं उनके (लोगों के) विद्रोह और विश्वासघाती मंसूबों के संदेह या अनुमान पर ताड़ना के साथ उनसे मिलता हूं और अपवित्रता के सबसे तुच्छ कृत्य को मौत की सजा देता हूं। ऐसा मैं तब तक करता रहूँगा जब तक मैं मर न जाऊँ या जब तक लोग ईमानदारी से काम न करें और विद्रोह और बदतमीज़ी न छोड़ दें। मेरे पास ऐसा कोई वजीर नहीं है जो मेरे खून बहाने के लिए नियम बनाये। मैं लोगों को दण्ड देता हूं क्योंकि वे तुरन्त मेरे शत्रु और विरोधी बन गये हैं। मैं ने लोगों में बहुत धन बाँट दिया, परन्तु वे मैत्रीपूर्ण और वफ़ादार नहीं बने।”

सुल्तान के इन उपायों की तुलना में, उसके उज्ज्वल गुणों ने कुछ इतिहासकारों को उसे "विपरीतताओं का मिश्रण" के रूप में वर्णित करने के लिए प्रेरित किया है। लेकिन कुछ इतिहासकारों ने कहा है कि वास्तव में "विरोधाभासों का अद्भुत मिश्रण" और "खून का प्यासा और पागलपन" के आरोप गलत तरीके से उसके खिलाफ लिपिक दल के सदस्यों द्वारा लगाए गए थे , जिन्होंने हमेशा उसकी नीति में उसे विफल किया था। सुल्तान के दोषों को भले ही बढ़ा-चढ़ाकर पेश किया गया हो, लेकिन इस बात से इंकार नहीं किया जा सकता कि वह बयानों की गहरी समझ से वंचित था और ये उसकी नीति को लोगों की भावनाओं के अनुरूप नहीं बना सके। उनके साहसिक आविष्कारों का स्वागत नहीं किया गया, क्योंकि

इनमें बड़े कठोर फैसले शामिल थे। संक्षेप में वह मानव स्वभाव का एक खराब न्यायाधीश था, जो यह महसूस करने में विफल रहा कि प्रशासनिक सुधार चाहे कितने भी फायदेमंद क्यों न हों, लोगों पर उनकी इच्छा के विरुद्ध आसानी से थोपे नहीं जा सकते और दमन आम तौर पर असंतोष पैदा करता है, यदि लोगों के महत्वपूर्ण हित प्रभावित होते हैं। इस प्रकार, जैसा कि स्टैनली लेनपूल कहते हैं, "अच्छे इरादों, उत्कृष्ट विचारों के साथ, लेकिन कोई संतुलन या धैर्य नहीं, अनुपात की भावना नहीं, मुहम्मद तुगलक की एक उत्कृष्ट विफलता थी"। मध्यकालीन इतिहास में किसी भी पात्र का इतना विरोधाभासी और रंगीन व्यक्तित्व नहीं है। आर.सी. मजूमदार ने लिखा है, "मध्यकालीन भारत में किसी भी शासक ने अपनी नीति और चरित्र के बारे में मुहम्मद तुगलक जैसी चर्चा नहीं जगाई है ।"

मुहम्मद बिन तुगलक इतिहास में सबसे विवादास्पद शासक साबित हुआ है। वह अपने युग के लिए एक महान रहस्य थे और आज तक वैसे ही बने हुए हैं। एफिलस्टोन ने संदेह जताया कि क्या वह कुछ हद तक पागलपन से प्रभावित था। हैवेल, एडवर्ड थॉमस तथा स्मिथ ने एफिलस्टोन के सिद्धांत को ज्यों का त्यों स्वीकार किया है। हालाँकि, गार्डनर ब्राउन ने उनके गुणों पर अत्यधिक प्रकाश डाला है और तुगलक को पागल तानाशाह और दूरदर्शी होने के आरोप से मुक्त कर दिया है। सर वूल्सली हैग, लिखते हैं कि वह असाधारण रूप से पागलपन के साथ एक प्रतिभाशाली व्यक्ति था और उनके चरित्र के विरोधाभास ,उन लोगों के लिए एक पहेली थी , जो उन्हें जानते थे। उनके कुछ प्रशासनिक और सैन्य उपाय उनकी सर्वोच्च कोटि की क्षमताओं का प्रमाण दे सकते हैं ,लेकिन उसके अन्य कार्य पागलपन के कार्य थे। इसलिए, उनके समकालीनों में, बरनी और इब्न बतूता दोनों, जिन्होंने उनके शासनकाल की घटनाओं का सजीव वर्णन किया है, उनके अहंकार, उनकी धर्मपरायणता, उनकी विनम्रता, उनके अभिमान, उनकी भव्य उदारता, उनके लोगों के प्रति उनके कार्य , उनकी शत्रुता से आश्चर्यचकित थे।

विदेशियों के प्रति उनकी प्राथमिकता, न्याय के प्रति उनका प्रेम और उनकी क्रूरता, यदि हम उनके द्वारा सुनाई गई कहानियों पर विश्वास करें तो हम इस भ्रम में पड़ जाएंगे कि मुहम्मद बिन तुगलक, एक सामान्य व्यक्ति था या पागल? एक बार इन संदेहों के धुंध में खो जाने के बाद हमें यह आभास हो सकता है कि अपने सर्वोत्तम रूप में वह विरोधाभासों का मिश्रण था। मॉरलैंड, की टिप्पणी है कि उनका आचरण बहुत सारी विसंगतियों वाला था। लेकिन डॉ. ईश्वरी प्रसाद ,लिखते हैं, सतही तौर पर देखने पर ही ऐसा लगता है कि सुल्तान विरोधाभासों का एक अद्भुत मिश्रण है, लेकिन वह वास्तव में ऐसा नहीं था, "वह मध्यकालीन युग के

ताजपोशी प्रमुखों में निर्विवाद रूप से सबसे योग्य व्यक्ति था"।

वह ऐसे दुर्लभ गुणों से संपन्न था जो उन्हें सामान्य से ऊपर रखते थे, यह तार्किक था कि मुहम्मद, जब एक सुल्तान था , उसे कुछ साहसी अभूतपूर्व नवाचारों की परिकल्पना और कार्यान्वयन करना चाहिए था, जिनकी सफलता का तार्किक रूप से सामान्य लोगों को पालन करना चाहिए था। दुर्भाग्य से यह इतिहास की सबसे बुरी त्रासदियों में से एक थी कि सर्वोत्तम विचारों के साथ, उनके सभी उपाय एक ज़बरदस्त विफलता साबित हुए और उन्हें सबसे बुद्धिमान मूर्ख, जेम्स के समान उपाधि प्रदान की गई। तुगलक की विफलता के पीछे मूल कारण यह कहा जा सकता है कि उसके विचार उसकी उम्र से कहीं आगे थे।

मुहम्मद बिन तुगलक शासनकाल के इतिहास का अध्ययन करने के लिए हमारे पास एक समकालीन इतिहासकार , ज़िया-उद -दीन बरनी के सराहनीय इतिहास के अलावा, जिन्होंने सुल्तान के उत्तराधिकारी, फ़िरोज़ शाह के समय में अपना काम लिखा था, उनके समकालीनों के कई अन्य व्यक्ति काम करते थे । शम्स-ए-सिराज अफीफ द्वारा लिखित 'तारीख-ए-फ़िरोज़ शाही', फतुहत-ए-फ़िरोज़ शाही, सुल्तान फ़िरोज़ शाह का एक आत्मकथात्मक संस्मरण, ऐन-उल-मुल्क मुल्तानी का 'मुंशात-ए-माहरू',अमीर खुसरव की 'तुगलकनामा' और याहिया-बिन-अहमद सरहिंदी की 'तारीख-ए-मुबारकशाही' तुलनात्मक रूप से देर से लिखी गई रचना है, जिसमें बहुत सारी पूरक जानकारी शामिल है।

अफ्रीकी यात्री, इब्न बतूता का कार्य भी इस काल के इतिहास के लिए बहुत महत्वपूर्ण है। वह सितंबर 1333 ई. में भारत आए, और दिल्ली के सुल्तान ने उनका आतिथ्यपूर्वक स्वागत किया, जिन्होंने उन्हें दिल्ली का मुख्य काजी नियुक्त किया, जुलाई 1342 ई. में चीन में सुल्तान के राजदूत के रूप में भेजे जाने तक वे इस पद पर बने रहे। उनके विवरण से पता चलता है, कुल मिलाकर यह निष्पक्षता की छाप है और विवरण की प्रचुरता के लिए उल्लेखनीय है। मुहम्मद बिन तुगलक के सिक्के भी ज्ञानवर्धक हैं।

2

सुल्तान के प्रारंभिक उपाय

मुहम्मद के राज्यारोहण के समय खजाना सोने और जवाहरात से भरा हुआ था। इब्न बतूता, का कहना है कि सुल्तान तुगलक शाह ने सोने की ईंटों से एक महल बनवाया था। इसके भीतर पिघले हुए सोने से भरा एक विशाल भंडार था। यह सारी संपति सुल्तान मुहम्मद को विरासत में मिली थी । तुगलक शाह ने अपने पीछे एक व्यापक साम्राज्य भी छोड़ा था जिसमें कश्मीर, राजपूताना और तटीय क्षेत्रों को छोड़कर व्यावहारिक रूप से पूरा भारत शामिल था। साम्राज्य के भीतर मंगोलों द्वारा आक्रमण या राजपूतों द्वारा जवाबी हमले का बहुत कम या कोई खतरा नहीं था, विद्रोह या असंतोष का कोई संकेत नहीं था। इस अर्थ में मुहम्मद की समस्याएँ बलबन या अलाउद्दीन की समस्याओं से कहीं अधिक आसान थीं।

उन्हें ,केवल एक ही गंभीर चिंता थी, जनता के मन में संदेह पैदा करना और ऐसी स्थितियाँ पैदा करना जो कम से कम समय में सुल्तान गयासुद्दीन की मृत्यु की स्मृति को मिटा सकें। उसने सोचा कि यदि वह ऐसे उपाय अपनाए जिससे उसके पिता पर उसकी श्रेष्ठता सामने आए और जो किसी वर्ग या समूह के हितों पर प्रतिकूल प्रभाव डालने के बजाय उन्हें बढ़ावा देने और तेजी लाने में मदद करे, तो उसे कुलीन वर्ग और जनता का हार्दिक समर्थन प्राप्त होगा। उनके सभी प्रारंभिक उपाय इसी उद्देश्य से प्रेरित थे।

जब वह राजधानी में प्रवेश कर रहा था, तो शहर का स्वरूप इतना मनमोहक था कि वह धरती पर स्वर्ग जैसा लग रहा था। शाही जुलूस का नेतृत्व हाथियों की एक श्रृंखला द्वारा किया गया था, जो बहुमूल्य आभूषणों और गहनों से सुसज्जित

थे। वे अपनी पीठ पर राज्य के भव्य लोगों को लेकर चल रहे थे ,जो बेहतरीन और सबसे महंगी पोशाकें पहने हुए थे। चलते-चलते उन्होंने दर्शकों के बीच सोने और चाँदी के सिक्के बिखेर दिये। सोने और चाँदी के इस प्रदर्शन से हिंदू और मुसलमान समान रूप से प्रसन्न हुए और दिल्ली के नागरिकों ने दिल से सुल्तान को आशीर्वाद दिया और उसकी उदारता की प्रशंसा की।

अपने राज्याभिषेक के बाद जब उन्होंने पहली बार सभा की तो उन्होंने अपने सरदारों को भरपूर उपहार और ऊँची उपाधियाँ दीं। अपनी शक्ति को सुदृढ़ करने के लिए उन्होंने कुछ नयी नियुक्तियाँ भी कीं। इससे सम्बंधित कुछ उल्लेख प्रकार हैं - सोनारगांव के गवर्नर ,तातार खान को एक करोड़ सोने का टंका और बहराम खान की उपाधि दी गई, मलिक संजर को 80 लाख, इमामुद्दीन को 70 लाख और सुल्तान के शिक्षक, सय्यद अजदुद्दौला को 40 लाख टंका दिया गया था । अन्य सरदारों को भी इसी प्रकार के भव्य अनुदान प्राप्त हुए थे। उन्होंने 'शेखों' और 'दरवेश' कवियों और विद्वानों को पेंशन, जागीर और वजीफे दिए। इससे लोगों का नए सुल्तान के साथ मेल-मिलाप हो गया और उनके सभी संदेह या विरोध जानबूझकर या अनजाने में समाप्त हो गए, उन्होंने यह धारणा बना ली कि भले ही सुल्तान पितृहत्या का दोषी था, लेकिन उसने इतनी बड़ी मात्रा में सोना देकर इसके लिए पर्याप्त संशोधन किया था।

तुगलक ने अपनी शक्ति को मजबूत करने के लिए कुछ नई नियुक्तियाँ भी कीं। मलिक मकबूल को 'इमाद-उल-मुल्क' की उपाधि प्रदान की गई और उसे 'वजीर-ए-मुमालिक' नियुक्त किया गया। लेकिन कुछ समय बाद उन्हें गुजरात पर शासन करने के लिए भेज दिया गया और उन्हें 'खान-ए-जहाँ' की उपाधि दी गई। अहमद के समय ही अयाज़ को, जिसे विलय के समय 'ख्वाजा जहाँ' की उपाधि मिली थी, वज़ीर नियुक्त किया गया था। सुल्तान के एक अन्य शिक्षक, मौलाना क़ियामुद्दीन को कुतुलुक खान की उपाधि दी गई और उन्हें 'वकील-ए-दार' नियुक्त किया गया। सुल्तान के चचेरे भाई, मलिक फ़िरोज़ को 'नायब बारबक' नियुक्त किया गया था। तातार खान, दत्तक पुत्र और दिवंगत सुल्तान का एक बड़ा पसंदीदा, एक सक्षम और साहसी शासक था। उन्हें वापस बुला लिया गया और उनके स्थान पर बहादुर को, जो 1324 ई. से दिल्ली में हिरासत में था, पूर्वी बंगाल का राज्यपाल नियुक्त किया गया। यह नियुक्ति बहुत महत्वपूर्ण थी क्यूंकि बहादुर, बलबन का वंशज था। यदि वह राजधानी में रुका तो वह लोगों को उकसाकर विद्रोही बन सकता था, इसलिए दिल्ली से उसके हटने से यह ख़तरा समाप्त हो गया।

इससे ,तातार खान की शक्ति भी कम हो गई, हालाँकि जाहिर तौर पर उसके साथ बहुत अधिक एकाग्रता से व्यवहार किया गया। बहादुर ने सुल्तान को अपने अधिपति के रूप में स्वीकार किया, जबकि सुल्तान ने उसे सुल्तान के साथ-साथ खुद के नाम वाले सिक्के जारी करने की अनुमति दी। जब लखनौती के शासक ,नसीरुद्दीन की मृत्यु हो गई, तो सुल्तान ने बेदार खिलजी को वहां का राज्यपाल नियुक्त किया और उसे कादर खान की उपाधि दी।

राजत्व का सिद्धांतः

मुहम्मद बिन तुगलक का राजत्व का सिद्धांत ,राजत्व के दैवीय सिद्धांत जैसा था। उसका मानना था कि ईश्वर की कृपा के कारण ही वह सुल्तान बना। इसलिए, वह सुल्तान की पूर्ण शक्तियों में विश्वास करता था। अलाउद्दीन की तरह मुहम्मद तुगलक ने अपने प्रशासन में किसी को हस्तक्षेप नहीं करने दिया। उनके मंत्री और अधिकारी उनके आदेशों का पालन करने के लिए अधिक अधीनस्थ थे। उनमे से किसी ने भी उसे सलाह देने, या कोई स्वतंत्र शक्ति प्राप्त करने का साहस नहीं किया। सुल्तान ने अपने प्रशासनिक मामलों में भी सुल्तान को हस्तक्षेप नहीं करने दिया। अपने शासनकाल के आरंभिक काल में उसने न तो खलीफा की मान्यता प्राप्त की और न ही सिक्कों पर अपना नाम अंकित कराया। सुल्तान ने इस्लाम के विरुद्ध कुछ भी नहीं किया और न ही वह इस्लाम के सिद्धांतों का उल्लंघन करने की इच्छा रखता था, लेकिन वह अपने प्रशासन में धर्म या किसी भी धार्मिक व्यक्ति के हस्तक्षेप को स्वीकार करने के लिए तैयार नहीं था।

न्याय प्रशासन पर उलेमा वर्ग का एकाधिकार था। उन्होंने उस एकाधिकार को तोड़ दिया और लोगों के इस वर्ग के बाहर 'काज़ियों' को नियुक्त किया। जब भी उन्हें काजी के फैसले अन्यायपूर्ण और भेदभावपूर्ण लगते थे तो वे उन्हें बदल देते थे। यदि कोई विद्रोही व्यक्ति ,भ्रष्टाचार का दोषी या विद्रोही पाया जाता था, तो उसे किसी भी अन्य सामान्य व्यक्ति की तरह ही दंडित किया जाता था। इस प्रकार, कोई भी देश के कानून से ऊपर नहीं था। इसीलिए उलेमा वर्ग, तुगलक का विरोधी हो गया और उसके विरुद्ध असंतोष फैलाने लगा।

तुगलक को अपने शासनकाल के उत्तरार्ध में इस वर्ग के साथ समझौता करना पड़ा। उन्होंने सिक्कों पर खलीफा का नाम अंकित किया, 1340 ई. में उनसे अपने शासक के पद की मान्यता खरीदी और 'मिस्र के खलीफा' के दूर के रिश्तेदार गियास-उद-दीन मुहम्मद को अपने दरबार में आमंत्रित किया। गियास-उद-दीन एक कंगाल था और उसका खलीफा पर कोई प्रभाव नहीं था, फिर भी सुल्तान

मुहम्मद ने उसे बढ़-चढ़कर सम्मान दिया और उसे जागीर और महंगे उपहार दिए।

मुहम्मद बिन तुगलक भारत की राजनीतिक और प्रशासनिक एकता का पक्षधर था । वह उन बाधाओं को ख़त्म करना चाहता था, जो उत्तर और दक्षिण को अलग करती थीं।वे भारत को एक राजनीतिक एवं प्रशासनिक इकाई बनाने में विश्वास करते थे।उनके दक्कन प्रयोग से दक्षिण के विद्वानों, मनीषियों, व्यापारियों, कवियों, प्रशासकों की संस्कृति में तेजी से बदलाव आया और सेनाएँ ,दौलताबाद से स्थानांतरित हो गईं।

मुल्तान और बंगाल से गुजरात तक विस्तृत साम्राज्य पर जब तुगलक, दिल्ली की गद्दी पर बैठा, तो मध्य एशियाई परिदृश्य निरंतर परिवर्तन की स्थिति में था। मध्य एशिया के राजनीतिक जीवन में एक खालीपन था और मुहम्मद तुगलक ने उस खालीपन को भरने का प्रयास किया। उन्होंने उस युग की शुरुआत की जिसे 'उच्च साम्राज्यवाद का युग' कहा जा सकता है। बरनी ,को उद्धृत करने के लिए 'उस उच्च महत्वाकांक्षा के कारण जो सुल्तान मुहम्मद के अद्वितीय व्यक्तित्व में समाहित थी। यदि ,आबाद दुनिया का पूरा चौथा भाग (रूबी मस्कुन) उसके गुलामों के नियंत्रण में आ गया और पूरी दुनिया पूर्व से पश्चिम और उत्तर से दक्षिण तक क्योंकि करदाता उसके राजकोष में चला गया और दुनिया के लोग उसके अधीन हो गए।

उसके नाम के आदेश और मुद्रा पूरे बसे हुए विश्व में प्रसारित होते थे (रूबी मस्कुन) फिर भी अगर कोई कहता है कि किसी द्वीप में कुछ भूमि या किसी देश में एक कमरे के आकार के बराबर क्षेत्र का टुकड़ा उसके अधीन नहीं लाया गया है ,उनके नदी जैसे हृदय पर नियंत्रण और उनकी विश्वविजयी भावना को तब तक शांति नहीं मिलती ,जब तक कि उस द्वीप या उस छोटे से कमरे को उच्च महत्वाकांक्षी, उच्च आकांक्षा, सम्मान के प्रति महान प्रेम और प्रतिष्ठा की असाधारण भावना के कारण उनके अधीन नहीं कर दिया जाता। उसके मन में यह इच्छा निहित थी कि वह कैमूर और फ़रीदुन की तरह दुनिया में राज्य करे और लोगों के प्रति जमशेद और कैखुसरव जैसा व्यवहार करे। वास्तव में, वह केवल सिकन्दर (मैसेडोनिया के) की स्थिति से संतुष्ट नहीं होता, बल्कि सुलैमान की स्थिति प्राप्त करने की कोशिश करता था ताकि पुरुषों और 'जिन्स' दोनों पर शासन करते हुए वह पैगंबरी (सल्तनत के साथ नुबुवत और राजा की गिनती) को जोड़ सके।

प्रत्येक देश को अपने गुलाम के रूप में, एक पैगंबर और एक सुल्तान दोनों के रूप में अपनी राजधानी से अपना आदेश जारी करते हुए, मुहम्मद तुगलक बाहरी

दुनिया के साथ घनिष्ठ राजनयिक, सांस्कृतिक और आर्थिक संपर्क में विश्वास करते थे और उनकी राजनीतिक दृष्टि भारत से कहीं आगे तक फैली हुई थी, और उन्होंने मिस्र पर नियंत्रण करने वाले देशों को अपनाया था ,एक ओर चीन और दूसरी ओर खुरासान। मुहम्मद के शासनकाल के दौरान बाहरी दुनिया के साथ भारत के राजनयिक संबंधों के इतिहास में एक नया चरण शुरू हुआ जब चीन, ईरान, इराक, सीरिया आदि से राजनायक सुल्तान के दरबार में आये थे ।

बरनी, ने इस सूची में मकबुल को शामिल करके अजीज विंटनर, फिरोज नाई, मनका रसोइया, लाधा माली और मकबुल मिस्ट्रेल का उल्लेख किया हैकई बार सुल्तान ने बरनी का अपमान किया, लेकिन उसके फैसले हमेशा उसके अपने ही चलते थे। मकबुल, एक अत्यधिक योग्य और सक्षम प्रशासक था इसलिए वह वज़ीर बन गया और अत्यधिक योग्य सक्षम प्रशासक था ,इसलिए वह सुल्तान फ़िरोज़ के अधीन नायब बन गया।

मुहम्मद बिन तुगलक, धर्म और दर्शन का बहुत सक्षम छात्र था। धर्म के मामले में उनके तर्कवाद की व्याख्या, बरनी जैसे इतिहासकारों ने धर्म के खंडन के रूप में की थी। वह अन्य धर्मों के प्रति सहिष्णु थे और उनके धार्मिक समारोहों और त्योहारों में भाग लेते थे। वह संभवतः दिल्ली का पहला सुल्तान था ,जिसके बारे में इस बात के प्रमाण मिलते हैं कि उसने हिन्दूओं के त्योहार, होली में भाग लेता था। तुगलक अपनी हिंदू प्रजा के प्रति सहिष्णु था। वह दिल्ली का पहला सुल्तान था, जिसने योग्यता के आधार पर पद वितरित किए और भारतीय मुसलमानों और हिंदुओं को सम्मानजनक पद दिए थे ।

इस क्षेत्र में वे अपने समय के अग्रणी थे, संभवतः यही एक कारण था कि समकालीन इतिहासकारों ने उनके विरुद्ध टिप्पणियाँ कीं। बताया जाता है कि सुल्तान ने पाटलिना के शत्रुंजय मंदिरों और गिरनार के मूर्ति घरों का दौरा किया था। बताया जाता है कि उन्होंने भिक्षुओं के लिए एक नए विश्राम गृह के निर्माण के लिए एक 'फ़रमान' जारी किया था। इसामी ,जैसे लेखकों ने सुल्तान पर विधर्म का आरोप लगाया। सुल्तान वैसे तो रहस्यवाद के ख़िलाफ़ नहीं था ,लेकिन उसे राज्य और सूफियों से अलगाव की रहस्यमय ऊंचाई मंजूर नहीं थी। कुतलुग खान को दक्कन से वापस बुलाने के बाद भैज़ोरी को गुलबर्गा का कार्यभार संभालने के लिए नियुक्त किया गया था, धाराधर को देवगिरी के वित्त विभाग का प्रमुख नियुक्त किया गया था। अकाल राहत और कृषि में सुधार के लिए उनके प्रयास हिंदू विषय के प्रति चिंता का प्रमाण देते हैं। वह अपने प्रशासन में यथासंभव अधिक से अधिक रहस्यवादी परिवारों को शामिल करने के लिए उत्सुक थे। उन्होंने हिंदू विद्वानों

और कवियों को संरक्षण दिया था। हमें बताया जाता है कि उनके दरबार में अरबी, फ़ारसी और हिंदी के लगभग 1000 कवि थे।

फिर भी अपने उदारवादी रवैये के बावजूद तुगलक अपनी प्रजा से प्रशंसा और सहानुभूति पाने में असफल रहा। लेकिन इसका कारण उनका रवैया नहीं बल्कि उनकी योजनाओं की विफलता और उनकी नीतियों का दमनकारी क्रियान्वयन था। उनके मन में एक असामान्य मौलिकता थी। समस्याओं के घिसे-पिटे समाधानों से वे कभी संतुष्ट नहीं होते थे। उन्हें सभी मामलों में पारंपरिक और पारंपरिक दृष्टिकोण से नफरत थी।

3

मुहम्मद बिन तुगलक : प्रशासनिक नीति

मुहम्मद बिन तुगलक के शासनकाल को दो अलग-अलग चरणों में विभाजित किया जा सकता है:

(1) 1325 ई. - 1335 ई.:- जो तुलनात्मक शांति और समृद्धि का काल था, जिसके दौरान उनके अधिकांश प्रशासनिक नवाचार पेश किए गए थे।

(2) 1335 ई. - 1351 ई.:- जिसमें उनके असफल प्रयोगों के घातक परिणाम देखे गए, जो विद्रोहों की एक श्रृंखला और तुगलक साम्राज्य के अंतिम विघटन में परिणत हुए।

सुल्तान मुहम्मद एक विद्वान, सत्य की खोज करने वाले और विवेकशील व्यक्ति थे। डॉ. महदी हुसैन ने एक पांडुलिपि के कुछ पन्नों को प्रकाश में लाया था, जिसे सुल्तान की आत्मकथा बताया गया था, जिससे पता चलता है कि वह सत्य का उत्सुक खोजी था। वह तर्क और तर्क से परे किसी भी चीज़ को स्वीकार करने को तैयार नहीं था। अक्सर कहा जाता है कि धर्म आस्था का विषय है, तर्क का नहीं। लेकिन सुल्तान ने इस बात पर जोर दिया कि कोई भी समझदार व्यक्ति किसी भी चीज़ में विश्वास नहीं कर सकता, यहां तक कि ईश्वर में भी, जब तक कि उसके सभी संदेह दूर नहीं हो जाते और विश्वास के लिए बौद्धिक आधार नहीं बनाया जाता। सुल्तान के इस रवैये का प्रभाव उसकी प्रशासनिक नीति पर भी पड़ा।

तुगलक के युद्ध और सुधार समूहों में विभाजित हैं। उनके युद्धों को तीन समूहों में विभाजित किया गया है अर्थात (क) विजय (ख) सीमाओं की रक्षा (ग) विद्रोहों का दमन। इसी प्रकार उनके सुधारों को भी छः समूहों में विभाजित किया

गया है:-

(i) सरकार के सिद्धांतों से संबंधित

(ii) हिंदुओं के साथ व्यवहार

(iii) न्याय प्रशासन

(iv) मुद्रा

(v) कराधान

(vi) सुधारात्मक सुधार।

चरण 1: (1325-1335 ई.)

इस अवधि को उचित रूप से नवाचारों के युग के रूप में परिभाषित किया जा सकता है, जैसा कि बरनी ने कहा है, सम्राट की पांच परियोजनाएं इस चरण के दौरान शुरू की गईं थीं-

(i) दोआब में कराधान में वृद्धि।

(ii) राजधानी का दिल्ली से देवगिरी स्थानांतरण (1327 ई.)

(iii) सांकेतिक मुद्रा (1339-1330 ई.)

(iv) खुरासान अभियान।

(v) कराचल अभियान।

उनकी नीतियों को मोटे तौर पर दो भागों में विभाजित किया जा सकता है - घरेलू नीति और विदेश नीति।

केंद्रीय, प्रांतीय और स्थानीय प्रशासन में, तुगलक ने कोई दूरगामी परिवर्तन नहीं किया था । सुल्तान ने केंद्र में विभागों की संख्या और अपेक्षित व्यक्तिगत वृद्धि करके प्रशासन की दक्षता को बढ़ाया और उनके आपसी संबंधों का राष्ट्रीयकरण किया। प्रांतीय व्यवस्था में कोई बदलाव नहीं दिखता है । स्थानीय सरकार के बारे में डॉ. महदी हुसैन ने कुछ नवीन टिप्पणियाँ की हैं। उनके अनुसार प्रत्येक प्रांत को कई 'शिकों' या जिलों में विभाजित किया गया था, जबकि प्रत्येक 'शिक' को सौ 'परगना' या गांवों की कई इकाइयों में विभाजित किया गया था। वहाँ इकाइयों का मुख्यालय एक केंद्रीय शहर और प्रमुख के रूप में एक शतपति होता था। लेकिन उन्होंने शतपति शब्द की अपनी व्याख्या के समर्थन में किसी समकालीन प्राधिकारी का उल्लेख नहीं किया है। इसलिए यह संभव है कि स्थानीय प्रशासन वस्तुतः वैसा ही बना रहा जैसा पहले था।

भूमि बंदोबस्तः

सुल्तान के सुधारों की एक शृंखला भूमि बंदोबस्त से संबंधित है। इस मद में उनके कुछ कदमों पर कटु टिप्पणियाँ भी हुई हैं। अपने राज्याभिषेक के तुरंत बाद

उन्होंने कई नियम जारी किए और उनके कार्यान्वयन के लिए एक नया विभाग खोला गया था। प्रांतीय वजीरों और कोषाध्यक्षों को अब नियमित रूप से आय और व्यय का विवरण भेजना पड़ता था। एकमात्र परिवर्तन 'शतपति ' नामक एक नए अधिकारी की नियुक्ति थी। वे लगभग (100 गाँवों) के खूट , मुकद्दम, चौधरी, आमिल और मुस्तर्रिफ के काम की निगरानी करते थे।

दोआब में कराधान में वृद्धि:

चूंकि ,समकालीन लेखकों द्वारा किसी विशेष वर्ग का उल्लेख नहीं किया गया है, इसलिए नवाचार का कार्यान्वयन बहुत अधिक अटकलों का मुद्दा रहा है। बरनी ,ने इस प्रयोग के विनाशकारी प्रभावों का विस्तृत संदर्भ देते हुए इसके उद्घाटन की कोई तारीख का उल्लेख नहीं किया है, जबकि इब्न बतूता ने बाद के लेखकों की घटना का उल्लेख करने से पूरी तरह परहेज किया है ।धर्म और नीचता के बारे में उन्होंने जो ज्ञान प्राप्त किया, उसने उनके मन पर एक अमिट छाप छोड़ी थी ।धर्मों के संरक्षक- उलेमा, मौलवी , सय्यद और संत इतने स्वार्थी और दुष्ट थे कि उन्होंने केवल अपने स्वार्थ को बढ़ावा देने के लिए बड़े-बड़े अधर्म को मंजूरी दे दी थी और उन्हें लागू कर दिया था। फरिश्ता और बदायूँनी ने क्रमशः 727 ए.एच. और 730 ए.एच. (हिरजी) का उल्लेख किया है दो सबसे विनाशकारी उपायों की शुरूआत के रूप में दोआब में कराधान में वृद्धि और आधुनिक लेखकों की काल्पनिक तांबे की मुद्रा के मुद्दे को चिह्नित करते हुए सर वूल्सले हैग ने 730 हिजरी की बदायूँनी तिथि को स्वीकार किया है। मोरलैंड और ईश्वरी प्रसाद भी इससे सहमत हैं कि"अपने शासनकाल के शुरुआती वर्षों के दौरान मुहम्मद ने इनमें से पहला उपाय पेश किया"। यह विचार डॉ. महदी हुसैन द्वारा स्पष्ट रूप से विपरीत व्यक्त किया गया है। उनके अनुसार "खुरासान और कराचल अभियानों की असफलता और सांकेतिक मुद्रा की विफलता ने साम्राज्य के वित्त पर प्रतिकूल प्रभाव डाला और दोआब में कराधान में वृद्धि हुई" इसलिए, उनके लिए, दोआब में कराधान अंतिम नहीं था राजकोष को फिर से भरने के लिए यह एक प्रयास था । उनका तर्क है कि चूंकि, बरनी का वर्णन तुगलक शासनकाल का कालानुक्रमिक विवरण प्रस्तुत करने से दूर उन घटनाओं पर आधारित है जो उन्हें अपने परिणामों में सबसे ज्वलंत और विनाशकारी लगीं। इसलिए महदी हुसैन कहते हैं, "बरनी का वास्तव में मतलब यह है कि सुल्तान की सभी परियोजनाओं द्वारा उत्पन्न विनाशकारी परिणामों को ध्यान में रखते हुए, दोआब के राजस्व में वृद्धि को पहले स्थान पर रखा जाएगा"।हालाँकि, इतिहासकारों की आम सहमति 727 ए.एच. - 730 ए.एच. (1333-1334 ए.डी.) के बीच नवाचार की तारीख को स्वीकार करने पर है।

बदायूँनी ,का कहना है कि मूल्यांकन में इस वृद्धि का उद्देश्य दंडात्मक उपाय और राजकोष को फिर से भरने का एक साधन दोनों था।अजीब परिस्थितियों में गाजी मलिक की आकस्मिक मृत्यु ने पुराने कुलीन वर्ग में तुगलक के प्रति संदेह और शत्रुता पैदा कर दी थी। उनकी निष्ठा वापस जीतने के लिए, उसने उन पर सोने के भव्य उपहारों की वर्षा की, जिससे 'शाही खजाना काफी हद तक खत्म हो गया। सुल्तान की भव्य साम्राज्यवादी महत्वाकांक्षाओं को पूरा करने के लिए नए राजस्व की भी आवश्यकता थी, क्योंकि वह साम्राज्य के हिस्से के रूप में दक्कन और दक्षिण भारत को शामिल करना चाहता था ।यदि डॉ. महदी हुसैन की कालानुक्रमिक व्याख्या को स्वीकार कर लिया जाए, तो कराधान में वृद्धि उनके प्रयोगों की लगातार विफलता से हुए नुकसान की भरपाई करने की आखिरी हताश कोशिश थी।इसलिए, दोआब में कराधान में वृद्धि मुख्य रूप से शाही राजस्व को बढ़ाने की आवश्यकता से उत्पन्न हुई।

सिद्धांत रूप में, योजना में कुछ भी गलत नहीं था। दोआब सबसे उपजाऊ क्षेत्र था और सामान्य परिस्थितियों में राजस्व में वृद्धि हो सकती थी। मुहम्मद के पास कुल उपज का 50% तक राजस्व बढ़ाने की अला-उद-दीन खिलजी की मिसाल भी थी जो इस्लामी कानून के तहत कानूनी रूप से स्वीकार्य थी।

हालाँकि, जो बात साबित हुई वह यह थी -योजना का निर्मम कार्यान्वयन, जो क्षेत्र की प्रचलित स्थितियों से पूरी तरह अलग थी। बरनी के अनुसार, "दीवान-ए-तलाह ''अहकम-ए-ताकी ''नामक एक विशेष विभाग की स्थापना की गई थी जो विशेष आदेशों का निष्पादन करती थी , जिनमें से सैकड़ों आदेश प्रतिदिन जारी किये जाते थे। उदाहरण के लिए, उनमें से एक ने दोआब के करों को दस गुना और बीस गुना बढ़ा दिया। वृद्धि की सटीक माप के बारे में बरनी ,की अस्पष्ट शब्दावली ने कई अटकलों को जन्म दिया है। एक ओर ऐसे इतिहासकार भी हैं ,जिन्होंने बरनी के कथन की व्याख्या गाजी मलिक के 10% कर के दुगने के रूप में की है। परिणामस्वरूप ,गार्डनर ब्राउन और डॉ. एम. हुसैन की राय है कि नया कराधान भारी नहीं था। दूसरी ओर फ़रिश्ता का मानना है कि सुल्तान ने दोआब में कराधान 30% से बढ़ाकर 40% कर दिया।

मज्जी-उद-दबीर ने अपने ब्यान में और अधिक स्पष्ट किया है कि जो भूमि एक टंका लाती थी, वह अब दस और बीस टंका लाती है। बदायूँनी, ने कहा है कि कर ,इतना अधिक था, कि यह कर एक दण्ड के समान प्रतीत होता था। कुछ लोगों का विचार है कि यह भूमि कर नहीं बल्कि कुछ अन्य करों को बढ़ाना चाहता था। संभवतः ये कर ''घराई'' कर और ''चराई'' कर थे। कुछ मानक प्राधिकारियों द्वारा

यह कहा गया है कि घरों को क्रमांकित किया गया था और मवेशियों को दागा गया था। उन्होंने भू-राजस्व और नए लगाए गए करों को कठोरता से वसूलने का प्रयास किया। दुर्भाग्य से, जब दोआब में अतिरिक्त करों की नीति लागू की गई, तो बारिश की विफलता के कारण अकाल पड़ गया।हालाँकि, पूरी संभावना है कि सुल्तान ने 50% की अधिकतम सीमा को पार नहीं किया।

गाजी तुगलक के कराधान में तुलनात्मक उदारता के बाद इस तरह की वृद्धि, कृषकों के लिए अनावश्यक रूप से कठोर प्रतीत हुई होगी। अलाउद्दीन ने 50% की मांग की थी, कुतुबुद्दीन मुबारक ने संभवतः इस कर को 33% पर वापस ला दिया था, गियास ने 9% से 10% की वृद्धि की अनुमति दी थी। अतः उसके शासनकाल में कर 40% रहा होगा। मुहम्मद ने सोचा कि अभी भी तदनुसार आदेश की गुंजाइश है।

बरनी और हबीब-उस-सियार ने एक टंका की वृद्धि का उल्लेख करने के बजाय 10 और यहां तक कि 20 टंका के मांग की बात की है । फिर भी, सामान्य परिस्थितियों में किसान नाराज लेकिन कर्तव्यनिष्ठा से, बढ़े हुए कराधान का खामियाजा भुगतते थे । हालाँकि, अकाल और कम बारिश की स्थिति के समय , लोगों को अलग-थलग कर दिया गया था जिस कारण इस योजना का असफल होना तय था:

(i) रैयत नपुंसकता, गरीबी और बारिश की चपेट में आ गए थे । भूमि पर वर्षा होने के कारण उन्हें राजमार्ग पर डकैती करनी पड़ी ,जो समाज के लिए अभिशाप है।

(ii) जो लोग संपन्न थे और जिनके पास संपत्ति थी, वे विद्रोही बन गए।

(iii) भूमि पर वर्षा हुई और खेती बहुत कम हो गई।

(iv) वर्षा एक ही समय पर नहीं होती थी और कई वर्षों तक अकाल की स्थिति बनी रहती थी ,जिससे भूमि की उर्वरता और अधिक कम हो जाती थी।

(v) इन प्रचलित परिस्थितियों के कारण हजारों लोग मारे गए, जिसके कारण तुगलक साम्राज्य का पतन हुआ।

(vi) वह स्वयं अपनी प्रजा के बीच अलोकप्रिय हो गया।

(vii) ऋण देने से भी सुल्तान को कोई अतिरिक्त राजस्व नहीं मिला।

जब तक मुहम्मद बिन तुगलक को जनता की स्थिति का एहसास हुआ तब तक बहुत देर हो चुकी थी। सुल्तानों, अधिकारियों ने कठोरता के साथ करों का निर्धारण जारी रखा। जैसा कि बरनी ,ने पुष्टि की 'सुल्तान की योजना को लागू करने के लिए, उसके कैकुनों ने ऐसे अबवाब (उपकर) बनाए ,जिससे रैयतों की

कमर टूट गई। मुहम्मद तुगलक ने किसानों को बीज, बैल आदि खरीदने के लिए ऋण देकर और सिंचाई के लिए कुएँ खोदने की व्यवस्था करके उनकी मदद करने का प्रयास किया, लेकिन नीति विफल रही।

(i) सबसे पहले, बहुत देरी से उन्होंने ऋण अनुदान शुरू कर दिया था।

(ii) दूसरा , चूंकि लोगों के पास खाने के लिए कुछ नहीं था, इसलिए उन्होंने ऋण का उपयोग उन उद्देश्यों से भिन्न उद्देश्यों के लिए किया, जिनके लिए उनकी आवयश्कता थी।

(iii) तीसरा, अलाउद्दीन खिलजी द्वारा लागू किए जाने के बाद से घहराई और चराई कर अलोकप्रिय हो गए थे। चूँकि, उन्हें अलाउद्दीन के उत्तराधिकारियों के अधीन अनुपयोगी होने दिया गया था, मुहम्मद द्वारा उनके पुनरुद्धार से बहुत नाराजगी हुई।

बरनी, ने उन्नति का विवरण दिया है, लेकिन निस्संदेह यह अतिरंजित लगता है क्योंकि उनके अपने गृह नगर को नुकसान हुआ था। डॉ. एम. हुसैन ने सुल्तान के विषय में कहा है कि ,यह बचाव भी उतना ही संदिग्ध है कि यह वृद्धि खुरासान अभियान की असफलता के बाद उसकी नाराजगी की अभिव्यक्ति थी। डॉ. ईश्वरी प्रसाद का कहना है कि यद्यपि इस उपाय को अव्यवस्थित सनक कहना गलत होगा ,लेकिन यह गलत तरीके से तैयार किया गया था। इस बात पर संदेह नहीं किया जा सकता है कि लोगों ने एक दर्दनाक आवश्यकता के तहत विद्रोह किया था और यदि दोआब (हिंदुस्तान के अधिक संवेदनशील हिस्से) में राजनीतिक गड़बड़ी हुई, तो , दोष प्रशासन पर था , न कि लोगों पर।

हालाँकि, पहले प्रयोग की निरर्थकता वृद्धि के माप में नहीं थी जो कि इस्लामी कानून द्वारा अनुमोदित अधिकतम 50% के अन्तर्गत थी, लेकिन वास्तव में उपाय सबसे प्रतिकूल मोड़ पर लागू किए गए थे। हालाँकि, तुगलक दिल से दयालु था और वह नहीं चाहता था कि लोगों को परेशानी हो ,लेकिन प्रतिकूल स्थिति उत्पन्न हो गयी थी। कमी सिर्फ इतनी थी कि अगर वे अधिकारियों पर नियंत्रण रखते और समय पर लोगों की मदद करते ,तो ऐसी स्थिति कभी उत्पन्न नहीं होती। डॉ. ईश्वरी प्रसाद ने कहा है, "मुहम्मद तुगलक की देखभाल के बावजूद , बुरे प्रबंधन और अविश्वास के कारण उनकी परोपकारी योजनाओं को विफल कर दिया "।

कराधान में वृद्धि से सामान्य परिस्थितियों में बहुत कम या कोई नाराजगी नहीं होती। लेकिन साथ ही, कई लोगों ने लोकप्रिय दुख को बढ़ाने की साजिश रची, जिससे आम जनता में असंतोष की भावना पैदा हुई। दोआब ,में कुछ कुख्यात

असंतुष्ट तत्व मौजूद थे, जिन्होंने आग में घी डालने का काम किया। कारणों पर गौर करने के बजाय सुल्तान उन्हें बलपूर्वक दबाना चाहता था, जिससे मुहम्मद के विनियमन पर स्थिति खराब हो गई, जो हिंदू बिचौलियों (खूट , मुकद्दम आदि) को नापसंद थे ,क्योंकि वे धन का गबन नहीं कर सकते थे। । इस प्रकार, उन्होंने अपने स्वार्थ के लिए वृद्धि का विरोध किया क्योंकि उन्हें अंदेशा था की सुल्तान करों को और बढ़ा देंगे ।

अतः किसानों से कर वसूलने में कुछ ढिलाई बरतनी चाहिए। शाही अधिकारी बिचौलियों से पूरा कर वसूल करते थे, क्योंकि उन्हें डर था कि उन्हें इसके लिए दंडित किया जाएगा । इससे जन असंतोष और बढ़ गया। तभी, बारिश कम हो गई जिसके कारण फसलों का उत्पादन ख़राब हो गया। किसान ,असंतुष्ट हो गए क्योंकि लगान कम नहीं किया गया बल्कि सामान्य से बढ़ा दिया गया। स्थानीय हिंदू नेताओं ने असंतोष की आग को हवा दी,इसलिए शाही अधिकारियों पर कभी-कभी हमला किया जाता था और उन्हें मार दिया जाता था। इसके लिए सरकार ने जवाबी कार्रवाई की थी ।

इससे कुछ क्षेत्रों में लोगों को समर्पण करना पड़ा। लेकिन दूसरों में विरोध इतना प्रबल हो गया कि शतपति और उनके सैनिकों पर भी हमला किया गया और उन्हें मार डाला गया। । जब सुल्तान को खेती बंद होने और दिनदहाड़े डकैतियों की सूचना मिली ,उसी समय अकाल ने भी तबाही मचाई थी जिससे , संप्रभु की प्रतिष्ठा को प्रभावित किया। उसने जंगलों को घेर लिया और छिपने की जगह बनाने वालों को सज़ा दी। सरगनाओं को मार डाला गया और आम लोगों को अपने क्षेत्र में लौटने और कृषि फिर से शुरू करने के लिए मजबूर किया गया। बरनी ,ने जो कुछ हुआ था उसे तोड़-मरोड़कर और अनुचित रूप से बढ़ा-चढ़ाकर पेश किया है और कहा है कि अकाल की चपेट में और भारी करों से पीड़ित किसानों का जंगली जानवरों की तरह शिकार किया गया था। लेकिन बलबन और अलाउद्दीन ने अपनी सत्ता के विरुद्ध विद्रोहियों के साथ जो किया था उसकी तुलना में मुहम्मद द्वारा अपनाए गए उपाय उदार और मानवीय प्रतीत होते हैं।

मनुष्य के साथ-साथ प्रकृति भी तुगलक के विरुद्ध हो गयी थी । 1326 ई. में दोआब में कर बढ़ा दिया गया था। इसके तुरंत बाद अकाल पड़ा जो तीन वर्षों तक जारी रहा। फिर 1334 से 1341 ई. तक अकाल का एक लंबा दौर चला। तब गुजरात और दक्कन में भी अकाल पड़ा था । यह सब सुल्तान के लिए एक बड़ा सिरदर्द था। अकाल ने सुल्तान को माबार , बंगाल, विजयनगर और वारंगल में विद्रोहों के दमन के लिए उपयुक्त व्यवस्था करने से रोक दिया। 1337-1340 ई. के दौरान,

उन्हें दिल्ली की आबादी के एक बड़े हिस्से और दरबार से जुड़े लोगों को कनौज के पास एक स्थान पर स्थानांतरित करना पड़ा, जहाँ राशन सुविधाएँ इतनी पर्याप्त थीं कि लोग इसे 'स्वर्गद्वारी' (यानी स्वर्ग का प्रवेश द्वार) कहते थे। .

सुल्तान ने अकाल से लड़ने के लिए प्रभावी कदम उठाए। उन्होंने प्रभावित क्षेत्र में कर माफ़ कर दिया, सिंचाई के उद्देश्य से कुएँ खुदवाए और कृषि को फिर से शुरू करने के लिए किसानों को उन्नत ऋण दिया, अनाज स्वतंत्र रूप से वितरित किया गया और कुछ स्थानों पर पका हुआ भोजन वितरित करने का भी प्रावधान था। जब तक संभव हुआ, उन्होंने दिल्ली में आपूर्ति एकत्र की और अनाज का समान वितरण सुनिश्चित किया। लेकिन जब आपूर्ति ख़राब हो गई, तो वह अस्थायी रूप से 'स्वर्गद्वारी' में स्थानांतरित हो गए और वहाँ से लोगों को अधिकतम मदद देने की कोशिश की। लेकिन यह भी समुद्र में एक बूंद मात्र थी, जिससे लाखों लोग भूख से मर गए, जिससे दोआब में कृषि को भारी नुकसान हुआ, अनगिनत गांव उजड़ गए। अफीफ, का कहना है कि अकाल राहत के लिए मुहम्मद ने करीब दो करोड़ रुपए खर्च किए थे ।

1341 और 1344 ई. के बीच, सुल्तान ने एक नई योजना बनाई। इस प्रकार उनका अगला प्रयोग कृषि विभाग का निर्माण था, उन्होंने दोआब में एक निर्जन क्षेत्र को चुना जिसे पुनर्ग्रहण और निपटान के लिए एक स्थल के रूप में तय किया गया था। इसकी माप (60 मील वर्ग) थी, कृषि विभाग को (दीवान-ए-कोही) कहा जाता था। इस विभाग का मुख्य उद्देश्य राज्य के खजाने से सीधे वित्तीय सहायता देकर बंजर भूमि को खेती के अधीन लाना था। कृषि मंत्रालय ने क्षेत्र का विकास किया और इसे दिन-प्रतिदिन की निगरानी के लिए 100 'शिकदारों' और 1000 'सावर' की एक टुकड़ी प्रदान की गई। एक इंच भी ज़मीन परती नहीं रहनी थी। भूमि पर खेती की जाती थी और फसलें बारी-बारी से बोई जाती थीं। इस योजना के कार्यान्वयन के लिए दो वर्षों में 70 लाख टंका की राशि अलग रखी गई थी। बरनी ,ने पुष्टि की कि "दो वर्षों के दौरान राजकोष द्वारा जारी किए गए सत्तर लाख का सौवां या एक हजारवां हिस्सा भी कोई प्रभाव नहीं डाल पाया"। अधिकारियों को अच्छे काम के लिए अतिरिक्त लाभ और आभार व्यक्त करने का वादा किया गया था। लेकिन वे स्वार्थी और झगड़ालू साबित हुए और गुजरात और दक्कन में सुल्तान की अनुपस्थिति ने उन्हें बड़ी रकम का गबन करने में सक्षम बनाया। इससे पहले कि सुल्तान अधिकारियों से निपट पाता, उसे दक्कन बुलाया लिया गया था । 70 वर्ग मील भूमि उन लोगों के बीच वितरित की गई जिन्हें इसकी आवश्यकता थी और इसकी देखभाल के लिए अधिकारियों और सुरक्षाकर्मियों की

नियुक्त की गयी थी । लेकिन यह प्रयोग कई कारणों से विफल रहा।

प्रयोग की विफलता के 4 मुख्य कारण रहे थे :

(i) सबसे पहले, प्रयोग के लिए चुना गया भूमि का टुकड़ा उपजाऊ नहीं था।

(ii) दूसरा , यह प्रयोग बिल्कुल नया था और इसकी कोई मिसाल नहीं थी और इसलिए स्वयं सुल्तान को बहुत अधिक ध्यान देने की आवश्यकता थी जो वह नहीं दे सका।

(iii) तीसरा, कोई ठोस परिणाम प्राप्त करने के लिए तीन साल अपर्याप्त थे।

(iv) चौथा, इस उद्देश्य के लिए शुरू किया गया धन अच्छे प्रकार से खर्च नहीं किया गया था, इसका कुछ हिस्सा भ्रष्ट अधिकारियों द्वारा दुरुपयोग किया गया था और एक हिस्सा लोगों द्वारा अपनी व्यक्तिगत जरूरतों पर खर्च किया गया था।

कृषि सुधार के लिए मुहम्मद तुगलक की चिंता वास्तविक थी, लेकिन पूरी तरह से अनुशासनहीनता और भ्रष्ट नौकरशाही के साथ जल्दबाजी में किए गए कार्यान्वयन ने कृषि जिलों की बर्बादी को चिह्नित किया, जिन्हें आम तौर पर साम्राज्य की कृषि अर्थव्यवस्था की रीढ़ बनना चाहिए था। समान रूप से इसने सम्राट को लोगों की वफादारी से वंचित कर दिया, जो अन्यथा साम्राज्य को स्वीकृति दे देते थे । इस प्रकार यह देखा गया है कि कृषि सुधार या राजस्व में वृद्धि के उनके सभी उपाय प्रतिकूल भाग्य, भ्रष्ट अधिकारियों और अविश्वासी किसानों के कारण विफल हो गए। इसके बावजूद, यह उनका श्रेय है कि उन्होंने लाखों भूखे लोगों की पीड़ा को कम करने और अकाल के बुरे प्रभावों का यथासंभव शीघ्रता से मुकाबला करने के लिए शाही खजाने से करोड़ों टंका खर्च किए। यह प्रयोग, जो देश में राजस्व प्रशासन के इतिहास में सर्वश्रेष्ठ में से एक था, परन्तु यह विफल साबित हुआ ।

राजधानी का स्थानांतरण (1326-1327 ई.)

मुहम्मद बिन तुगलक ने एक राजनीतिक प्रयोग का प्रयास किया ,जिसमें राजधानी को दिल्ली से देवगिरी ,स्थानांतरित कर उसका नाम बदलकर दौलताबाद कर दिया गया। बरनी ,बताते हैं कि दौलताबाद की स्थिति केंद्रीय थी और वह दिल्ली, गुजरात, लखनौती, तेलंगाना, सतगांव, माबार, द्वारसमुद्रम और कंपिला से लगभग समान दूरी (700 मील) पर था। हालाँकि, इस विचार को जड़ से उखाड़ने में कुछ भी बेतुका नहीं था। राजधानियों को हमेशा उन स्थानों पर स्थानांतरित किया गया है ,जो किसी भी साम्राज्य के लिए रणनीतिक रूप से केंद्रीय साबित हुए हैं। हालाँकि इस प्रकरण को लेकर कई कहानियाँ प्रचलित हैं

,लेकिन आधुनिक शोध ने इसके चरित्र और महत्व को तय करने में मदद की है। यह 1327 ई. में बहाउद्दीन गुर्शप के विद्रोह के बाद और बहराम ऐबा किशलू खान के विद्रोह के बाद हुआ था।

स्थानांतरण के कारण:

समकालीन लेखकों और आधुनिक विद्वानों ने राजधानी हस्तांतरण के इस निर्णय के लिए अलग-अलग उद्देश्यों को जिम्मेदार ठहराया है:

(i) सबसे पहले, तुगलक साम्राज्य इतना विशाल हो गया था कि उसे दिल्ली से प्रभावी ढंग से प्रशासित नहीं किया जा सकता था। उत्तर-पूर्व की ओर इसका विस्तार हिमालय तक था जबकि उत्तर-पश्चिम की ओर इसकी सीमा पूर्व की ओर सिंधु नदी थी, इसमें बंगाल शामिल था और पश्चिम की ओर इसकी सीमा गुजरात से बनी थी। दक्षिण की ओर इसने लगभग पूरे मालाबार और माबार को अपनी अधिन ले लिया था । इसलिए, रणनीतिक रूप से, जैसा कि बरनी, स्वयं बताते हैं, दौलताबाद की "केंद्रीय स्थिति दिल्ली, गुजरात, लखनौती और अन्य प्रमुख स्थानों से थी"। साम्राज्य के विस्तार के कारण दिल्ली से नियंत्रित होना आसान नहीं था। बहाउद्दीन गुर्शप के शुरुआती विद्रोह ने इस तथ्य को और अधिक स्पष्ट रूप से सामने ला दिया।

(ii) दूसरा , मुहम्मद तुगलक हिंदू प्रभुत्व को बेअसर करने के लिए अधिक से अधिक संख्या में मुस्लिम प्रवासियों को दक्षिण भारत में स्थानांतरित करने का इच्छुक था, जिसके कारण अक्सर सल्तनत के खिलाफ विद्रोह होता था। डॉ. एम. हुसैन ने समकालीन कृति 'सियार-उल-औलिया' को उद्धृत करते हुए इस दृष्टिकोण को कायम किया है - "दक्षिण में काफिरों का जिहाद चल रहा था, सुल्तान का इरादा दक्कन में हिंदुओं के साथ युद्ध करने का नहीं था, लेकिन वह चाहता था कि दिल्ली के कुछ प्रमुख मुसलमान, अमीर, उलेमा और संत खुद को देवगिरी में स्थापित करें"।

(iii) तीसरा, दिल्ली उत्तर-पश्चिमी सीमा से बहुत दूर थी जिस पर मंगोल आक्रमणों का खतरा लगातार बना रहता था। नई राजधानी को उत्तर-पश्चिम के आक्रमणकारियों से सुरक्षित दूरी पर करना उद्देश्य रहा था। ए.बी. पांडे का मानना है कि यह स्वीकार्य के योग्य नहीं है क्योंकि इससे भारत माता को विदेशियों के हाथों खोना पड़ता ।

(iv) चौथा, दक्कन को हाल ही में जीत लिया गया था, 1296 ई. तक किसी भी दक्कन शासक का दिल्ली के सुल्तान से कोई संपर्क नहीं था। दक्कन की सैन्य विजय पहली बार 1312 ई. में पूरी की गई थी ,लेकिन किसी भी शासक वंश को

विस्थापित करने का कोई प्रयास नहीं किया गया था। इसके विपरीत, उनके साथ उदारतापूर्वक व्यवहार किया गया था और उन्हें सहायक नदियों के रूप में बनाए रखा गया था । विलय की शुरुआत 1318 ई. में हुई थी और 1327 ई. तक यह अपने एपोथेसिस तक पहुंच गया था।

हालाँकि, 30 वर्षों की इस अवधि के दौरान, यह धारणा बन गई कि दक्कन पर अधिकार बनाए रखना मुश्किल था ,क्योंकि सहायक राजा हमेशा श्रद्धांजलि के भुगतान को रोकने की ताक में रहते थे और जब उन्हें पूरी तरह से अलग करने का प्रयास किया जाता था , तो मुस्लिम गवर्नर ने आजादी के लिए साजिश रचनी शुरू कर दी। इसलिए, सुल्तान को दक्कन पर अधिक ध्यान देने की अनिवार्य आवश्यकता का एहसास हुआ। उन्होंने सोचा कि दक्कन में मुख्यालय रखकर ही इसे नियंत्रण में रखा जा सकता है।

(v) पाँचवा, उन्हें निश्चित रूप से यह महसूस हुआ होगा कि दक्षिणी भारत इतना समृद्ध है कि वे इसके साथ घनिष्ठ संपर्क द्वारा इसके संसाधनों का अधिक प्रभावी ढंग से और आसानी से उपयोग कर सकेंगे।

(vi) छठा, देवगिरी में वह महाराष्ट्र की सुखद जलवायु, समृद्ध कृषि उत्पादों और समृद्ध व्यापार और वाणिज्य से मंत्रमुग्ध थे, जहां सल्तनत के अधिकारियों के आतिथ्य ने दिल्ली की तुलना में उनके ठहरने को कहीं अधिक आरामदायक बना दिया होगा।

लेकिन कुछ समकालीन इतिहासकार और यहां तक कि आधुनिक विद्वानों ने कुछ अन्य कारणों का उल्लेख किया है ,जो विश्वसनीय नहीं लगते हैं। 'याहया' का कहना है कि अकाल ने कराधान में वृद्धि की थी और इससे दोआब में सामान्य असंतोष पैदा हुआ था। क्षेत्र के हिंदुओं को दंडित करने के लिए उसने दिल्ली के सभी निवासियों को देवगिरी चले जाने का आदेश दिया। इब्न बतूता ,का कहना है कि दिल्ली के कुछ लोग सुल्तान की नीति से असंतुष्ट थे। उन्होंने अपशब्दों से भरे पत्र लिखे और रात को उन्हें महल में छोड़ आये।

सुल्तान उपद्रवियों का पता लगाने में असमर्थ था और इसलिए पूरी दिल्ली के निवासियों को दंडित करने के लिए, उसने राजधानी की पूरी आबादी को दण्डित करने का फैसला किया। बरनी ,का कहना है कि सुल्तान मध्यम और उच्च वर्गों को नष्ट करना चाहता था, इसलिए उसने सामान्य निकासी का आदेश दिया। लेकिन ये, सब दिल्ली के लिए बहुत बड़ी कहानियाँ बन गयीं थीं। इसे कभी भी पूरी तरह से खाली नहीं कराया गया था और टकसाल जैसे महत्वपूर्ण अधिकारी पूरे शासनकाल के दौरान वहीं स्थित रहे थे ।

इसामी ,का कहना है कि उन्होंने दिल्ली के नागरिकों की शक्ति को तोड़ने के लिए राजधानी को स्थानांतरित करने का फैसला किया। प्रोफेसर हबीबुल्लाह का कहना है कि राजधानी बदलने के पीछे वे तीन कारणों से प्रेरित थे, प्रशासन, दक्षिण की सुविधा-समृद्धि और दक्षिण में मुस्लिम संस्कृति का प्रसार। महदी हुसैन और प्रोफेसर निज़ामी ने विचार व्यक्त किया है कि तुगलक दिल्ली और दौलताबाद दोनों को अपनी राजधानी बनाए रखना चाहता था, जबकि दिल्ली को उत्तर के लिए राजधानी के रूप में काम करना था, दौलताबाद को मालवा, गुजरात और दक्कन के लिए राजधानी के रूप में काम करना था।

एक बार निर्णय हो जाने के बाद, सुल्तान ने योजना को क्रियान्वित करने के लिए विस्तृत व्यवस्था की। दिल्ली और देवगिरी के बीच 700 मील लंबी ग्रैंड ट्रंक रोड (शाहराह-ए -आजम) जो अलाउद्दीन खिलजी के दिनों से ही अच्छी तरह विकसित हो चुकी थी,प्रवासियों के ठहरने के लिए पूरे मार्ग में पड़ाव, शिविर और सरायें स्थापित की, जहाँ यात्रा के हर मील पर मुफ्त भोजन, पीने का पानी और उनके लिए अन्य सुविधाएँ उपलब्ध कराई गईं। एक कुशल डाक और खुफिया सेवा स्थापित की गई और यात्रियों के जीवन और संपत्ति की रक्षा के लिए राज्य सैनिकों को दौलताबाद के रास्ते में तैनात किया गया।

इब्न बतूता, ने खुलासा किया कि सुल्तान ने उन लोगों के सभी घरों और आवासों को खरीद लिया था, जिन्हें दक्षिण में स्थानांतरित होने के लिए कहा गया था, उन्हें दौलताबाद में मुफ्त भोजन और आवास या आगमन और उनके घरों और व्यापारिक प्रतिष्ठानों के निर्माण के लिए अन्य सुविधाएं प्रदान की गई थीं। बरनी ,का कहना है कि सुल्तान उदार था और प्रवासियों की यात्रा और दौलताबाद आगमन दोनों पर उनका बहुत समर्थन करता था। सुल्तान ने प्रवासियों की मदद के लिए जो कुछ भी किया ,,उसके बावजूद उन्हें गंभीर मानसिक तनाव, अभाव और थकान का सामना करना पड़ा। उन्होंने ,ऐसे बाज़ार भी स्थापित किये जहाँ सभी आवश्यक वस्तुएँ उपलब्ध करायी जाती थीं। कहा जाता है कि छायादार पेड़ भी लगाए गए थे, लेकिन ये शायद ही यात्रियों को कोई आश्रय दे सकते थे ,क्योंकि वे इतने कम समय में बड़े नहीं हो सकते थे।

फ़रिश्ता ,के पास यह दस्तावेज़ था जिसमे यह उल्लेखित था कि , वह अपने मंत्रियों को इस विषय पर प्रस्ताव देने कहा था , और यह बहुमत की राय थी, कि उज्जैन इस उद्देश्य के लिए अधिक उचित स्थान था । एक निरंकुश और स्वेच्छाचारी शासक के रूप में, मुहम्मद बिन तुगलक ने अपने मंत्री की सलाह को दरकिनार कर दिया और फायदे और नुकसान पर ध्यान दिए बिना राजधानी को

दौलताबाद में स्थानांतरित करने का फैसला किया। इसमें कोई आश्चर्य नहीं कि सलाहकारों की सलाह की अवहेलना करने की उन्हें भारी कीमत चुकानी पड़ी।

समकालीन इतिहासकारों के अनुसार दिल्ली की पूरी आबादी को इसे छोड़ने के लिए कहा गया और इसे बर्बाद कर दिया गया। बरनी ,ने लिखा, "सब कुछ इतना नष्ट हो गया कि शहर की इमारतों, महलों या उपनगरों में एक भी बिल्ली या कुत्ता नहीं बचा।" इसामी ,ने यह भी लिखा, "मुहम्मद तुगलक ने आदेश दिया कि शहर (दिल्ली) को आग लगा दी जाए और सारी आबादी को इससे बाहर कर दिया जाए।

कुछ इतिहासकार इस दृष्टिकोण को स्वीकार नहीं करते हैं और इसे बाज़ार की गपशप कहते हैं। के.ए. निज़ामी के अनुसार दिल्ली की पूरी आबादी को नहीं केवल कुलीनों, उलेमा ,शेखों सहित उच्च वर्गों को छोड़ने के लिए कहा था और दिल्ली के कुलीन वर्ग को दौलताबाद में स्थानांतरित कर दिया गया था। डॉ. ए.एल. श्रीवास्तव और डॉ. ईश्वरी प्रसाद ने विचार व्यक्त किया है कि इस तथ्य में कोई संदेह नहीं है कि सुल्तान ने दिल्ली के सभी नागरिकों को इसे खाली करने का आदेश दिया था। हालाँकि, वे स्वीकार करते हैं कि समकालीन इतिहासकारों ने संभवतः विवरणों को बढ़ा-चढ़ाकर पेश किया है। सुल्तान द्वारा प्रदान की गई सभी सुख-सुविधाओं के बावजूद दिल्ली से दौलताबाद तक की 40 दिनों की यात्रा और 70 मील की सड़क दिल्ली के लोगों के लिए बेहद पीड़ादायक अनुभव थी। इसी प्रकार इब्न बतूता, ने उपाय की अधिनायकवादी प्रकृति का वर्णन इस प्रकार किया है, "रात में सुल्तान अपने महल की छत पर चढ़ गया और दिल्ली के चारों ओर देखा और जब न तो दीपक की रोशनी और न ही आग का धुआं उसकी दृष्टि में आया तो उसने टिप्पणी की, अब मेरा हृदय प्रसन्न है और मेरी आत्मा को शांति मिली है।"

तुगलक के राजधानी हस्तांतरण का तात्कालिक प्रभाव विनाशकारी था:

• इसने थोड़े समय के लिए ही सही, दिल्ली की प्रतिष्ठा और समृद्धि को कम कर दिया।

• दिल्ली के अभिजात वर्ग को उनके घरों से उखाड़ दिया गया और उनमें से कई को बड़ी असुविधा का सामना करना पड़ा।

• नौकरशाही में बदलाव के परिणामस्वरूप व्यापारियों और सौदागरों में बदलाव आया, जिससे दिल्ली के आसपास कृषि, व्यापार और उद्योग के विकास को झटका लगा।

• योजना के कार्यान्वयन से प्रशासनिक मशीनरी और राज्य के खजाने पर भी दबाव पड़ा होगा।

• सुल्तान लोगों की राय में हार गया और जीवन भर उनका विश्वास कभी वापस नहीं जीत सका। परियोजना के ख़राब क्रियान्वयन के परिणामस्वरूप सुल्तान को सबसे बड़ी व्यक्तिगत हानि हुई।

हालाँकि, इस प्रयोग के दीर्घकालिक प्रभाव अद्‌भुत साबित हुए:

• उत्तर और दक्षिण के बीच की सामाजिक सांस्कृतिक बाधाएँ टूट गईं।

• बड़ी संख्या में मुस्लिम अभिजात वर्ग दक्षिण की ओर चला गया और वहां स्थायी रूप से बस गया, उन्हें आकर्षक सरकारी कार्यभार, मुफ्त भूमि और संपत्तियां मिलीं और धीरे-धीरे दक्कन के अभिजात वर्ग के बीच एक प्रमुख स्थान हासिल कर लिया।

• मूल निवासियों के बीच इस्लाम के प्रचार को प्रोत्साहन मिला और विंध्य से परे मुसलमानों की आबादी में काफी वृद्‌धि हुई।

इस प्रकार दक्कन मुसलमानों का गढ़ बन गया। चाहे, मुहम्मद बिन तुगलक ने मूल रूप से इसकी कल्पना की थी या नहीं, वह दक्षिण में मुस्लिम आस्था और इस्लामी संस्कृति के रोपण के लिए अप्रत्यक्ष रूप से जिम्मेदार बन गया। यह कहना गलत नहीं होगा कि अलाउद्‌दीन खिलजी मुसलमानों के हथियार दक्षिण की ओर ले गया था जबकि तुगलक ने वहां इस्लामी धर्म और संस्कृति की पताका स्थापित की थी। सुल्तान की प्रारंभिक परियोजना विफल रही और लंबे समय में उसने अपने दक्षिणी प्रभुत्व पर भी अपनी पकड़ खो दी, लेकिन दक्कन मुस्लिम शक्ति का गढ़ बना रहा, जिससे बहमनी साम्राज्य का जन्म हुआ।

यह योजना पूरी तरह विफल रही, इसलिए नहीं कि राजधानी का हस्तांतरण अवांछनीय था और इसे नहीं किया जाना चाहिए था, बल्कि इसलिए कि सुल्तान यह देखने में असफल रहा कि एकमात्र वांछनीय काम अदालत को स्थानांतरित करना था।

दरबारी, अधिकारी और बड़े व्यापारी स्वयं देर-सवेर दरबार के साथ दौलताबाद आये होंगे। पूरी आबादी के स्थानांतरण का आदेश देना अनावश्यक था। दूसरा , सुल्तान को इस बात का एहसास नहीं था कि चरम और अपरिहार्य परिस्थितियों को छोड़कर लोग अपने घरों और चूल्हों को नहीं छोड़ेंगे। दिल्ली के लोग जो अपने शहर को अपने पैतृक निवास के रूप में प्यार करते थे, इस नियम के अपवाद नहीं थे।

तीसरा, दिल्ली की मुस्लिम आबादी दक्षिण में हिंदू परिवेश में रहने को तैयार नहीं थी।

चौथा, निस्संदेह भारत की राजधानी के लिए दौलताबाद की तुलना में दिल्ली बेहतर स्थान था, जो बंगाल या पंजाब जैसे दूर के प्रांतों को नियंत्रित नहीं कर सकता था।

पाँचवें, एक कुशल डाक प्रणाली के बावजूद संचार के तेज़ साधनों की अनुपस्थिति शाही राजधानी के रूप में दौलताबाद के विकास में एक निश्चित बाधा थी।

सबसे बढ़कर, सरकार के लिए मंगोलों का विरोध करना और दौलताबाद के हमलों से देश की उत्तर पश्चिमी सीमा की रक्षा करना असंभव नहीं तो मुश्किल जरूर था।

इसलिए, मुहम्मद ने दोहरी गलती की थी , अर्थात् स्थान का गलत चुनाव और स्थानांतरण करने का गलत तरीका।

फिर भी, दिल्ली के पुराने शाही शहर ने अपनी खोई हुई भव्यता कभी हासिल नहीं की। जैसे ही योजना विफल हो गई, उसने लोगों को दौलताबाद से दिल्ली में अपने घरों को लौटने का आदेश दिया। नतीजतन, जब सुल्तान माबार के रास्ते में बीमार पड़ गया और दौलताबाद लौट आया तो उसने 1335 ई. में उन सभी लोगों को दिल्ली लौटने की इजाजत दे दी, जो वहां के माहौल से नाखुश थे। इस प्रकार आठ वर्षों के अंतराल के बाद, सुल्तान को आंशिक रूप से ही सही, अपनी गलती स्वीकार करने के लिए बाध्य होना पड़ा। लेनपूल ,ने कहा है, आने वाली पीढ़ियों के लिए दौलताबाद, "गलत निर्देशित ऊर्जा का एक आंदोलन" बन गया है।

बरनी और इब्न बतूता ने स्पष्ट रूप से कहा है कि राजधानी का हस्तांतरण एक चरण में किया गया था। 1327 ई. में सुल्तान अपनी रानी माँ मखदूम-ए-जहाँ और शाही परिवार के साथ दौलताबाद के लिए रवाना हुआ। उनका अनुसरण न केवल मुख्य अधिकारी और दिल्ली ने किया, जिन्हें अपने सभी सामानों के साथ दौलताबाद में स्थानांतरित होने का आदेश दिया गया था। इब्न बतूता ,कहते हैं, "सामूहिक पलायन इतनी गंभीरता से लागू किया गया था कि एक अपंग और अंधा व्यक्ति भी बच नहीं सका"। 'तारीख-ए-मुबारक शाही' के लेखक याहिया ने इन बयानों का खंडन किया है। उनके अनुसार सुल्तान ने दौलताबाद का प्रवास दो चरणों में पूरा किया।

पहला, प्रवासन 727 हिजरी में हुआ जब सुल्तान रानी माँ मखदूम-ए-जहाँ, उसके दरबारियों, अमीर और मलिकों और अन्य उल्लेखनीय व्यक्तियों के साथ घोड़ों, हाथियों और खजाने के साथ दौलताबाद के लिए रवाना हुए। दूसरा ,प्रवास 729 हिजरी में तरमाशिरिन के आक्रमण के बाद हुआ। सुल्तान ने दिल्ली के

निवासियों के घर खरीदे और इन लोगों को पड़ोसी शहरों के निवासियों के साथ दौलताबाद ले गया।

इस अनुमान को 'मसालिक-उल-अबसार' के लेखक अब्बास के इस कथन से समर्थन मिलता है कि, दिल्ली की सल्तनत की दो राजधानियाँ थीं, दिल्ली और देवगिरी (कुव्वत-उल-इस्लाम)। तदनुसार, हमारे पास दिल्ली टकसाल से 1327, 1328 और 1329 ई. के वर्षों में जारी किए गए सिक्के हैं। दोनों शहर एक विस्तृत और अच्छी तरह से बनाए हुए राजमार्ग द्वारा एक दूसरे से जुड़े हुए थे। पूरे रास्ते में, सुल्तान ने एक-दूसरे से थोड़ी-थोड़ी दूरी पर बड़े-बड़े ढोल बजवाये थे। जब भी किसी शहर में कुछ विशेष होता था या जब राजधानी के दरवाजे, जहां वे सुल्तान मौजूद नहीं थे, सुबह खोले जाते थे और रात को बंद कर दिए जाते थे, और तेजी से ढोल बजाए जाते थे।

इस प्रकार, सुल्तान को निवास स्थान से लगभग 700 मील की दूरी पर स्थित राजधानी के द्वारों के खुलने और बंद होने का समय प्रतिदिन ज्ञात होता रहता था । इसी तरह, दिल्ली और दौलताबाद में लगभग एक साथ ढाले गए कुछ सिक्कों की हाल की खोज में उन पर क्रमशः 'तख्तगाह-ए-दिल्ली' और 'तख्तगाह-ए-दौलताबाद' लिखा हुआ है , जैसे ऐसी स्थिति में तुगलक की परियोजना को पूरी तरह समाप्त नहीं किया गया, इस पर विश्वास किया जा सकता है। इसके अलावा, हम जानते हैं कि बहराम ऐबा के विद्रोह के समय सुल्तान एक सेना की भर्ती के लिए दिल्ली में रुका था और विद्रोह के दमन के बाद दो वर्ष वहाँ बिताए थे। इसलिए, ऐसा प्रतीत होता है कि उत्तर में दिल्ली को राजधानी बनाए रखते हुए वह दौलताबाद, को मालवा, गुजरात और दक्कन की राजधानी बनाना चाहता था।

हालाँकि, याहिया के विवाद का आधार कमज़ोर प्रतीत होता है।सबसे पहले बरनी एक प्रवास को दर्ज करता है। सुल्तान के रूप में, उसके पास दूसरे प्रवास को छिपाने का कोई कारण नहीं था, जो मुहम्मद की नीतियों की बुद्धिमत्ता के बारे में उसके व्यक्तिगत संदेह की पुष्टि कर सकता था।

दूसरा , याहिया ने दूसरे प्रवास के लिए सुल्तान की नाराज़गी को जिम्मेदार ठहराया है जिसने दोआब के दुर्दम्य लोगों के खिलाफ दंडात्मक उपाय के रूप में इसकी योजना बनाई थी। इस प्रकार ,यह उपाय अत्यधिक व्यक्तिगत प्रतिशोध साबित हुआ, उनका उपाय कम खर्चीला और कहीं अधिक प्रभावी होता।

तीसरा, यदि उसने दंडात्मक उपाय के रूप में ऐसा किया होता, तो वह दौलताबाद के रास्ते में लोगों को विश्राम की सुविधा नहीं देता। पूरी संभावना है कि केवल एक ही प्रवास हुआ था।

प्रवासन के आकार के संबंध में डॉ. एम. हुसैन और कुछ अन्य आधुनिक इतिहासकारों ने दिल्ली के बड़े पैमाने पर पलायन के बरनी और इब्न बतूता के संस्करण को खारिज कर दिया है। उनकी राय में:

i) दिल्ली कभी भी पूरी तरह से खाली नहीं हुई क्योंकि शाही टकसाल दिल्ली में चलती रही और 727-729 हिजरी में नए सिक्के जारी किए गए। इसलिए, यह अनुमान लगाया जा सकता है कि नौकरशाही और नागरिक आबादी के कुछ वर्ग दिल्ली में निवास करते रहे होंगे।

(ii) हिंदू किसी भी तरह से प्रवास से प्रभावित नहीं हुए। डॉ. एम. हुसैन ने अपने तर्क के समर्थन में 1327 ई. और 1328 ई. के दो संस्कृत शिलालेखों का प्रतिपादन किया है, जो दिल्ली में पाए गए थे। दोनों ,मुहम्मद तुगलक की शक्ति का गुणगान करते हैं। यदि हिंदुओं पर अत्याचार किया गया होता और उन्हें दिल्ली खाली करने के लिए मजबूर किया गया होता तो उन्होंने सुल्तान को कोई भरपूर श्रद्धांजलि नहीं दी होती।

(iii) डॉ. एम. हुसैन कहते हैं, "दिल्ली कभी उजाड़ नहीं रही, और वास्तव में वह कभी भी राजधानी नहीं रही, हालाँकि सम्राट ने इसे 1327 ई. में देवगिरी के लिए छोड़ दिया था। लेकिन दिल्ली तब तक नष्ट नहीं हुई जब दो साल बाद (1329 ई.) मुल्तान में किशलू खान के विद्रोह के फैलने पर, सम्राट दौलताबाद से आगे बढ़े, वह अपनी सेना के लिए सैनिकों की भर्ती करने के लिए दिल्ली में रुके।

(iv) विद्रोह को दबाने के बाद, सम्राट एक बार फिर दिल्ली आये जब वह दो साल तक जीवित रहे।

डॉ. हुसैन और गार्डनर ब्राउन के लिए भी, "सुल्तान का इरादा दिल्ली के स्थान पर देवगिरि को स्थापित करना नहीं था, बल्कि देवगिरि को दूसरी राजधानी बनाना था, जो साम्राज्य के पश्चिमी और दक्षिणी हिस्सों के लिए दिल्ली की तुलना में अधिक केंद्रीय रूप से स्थित थी।" मौलाना फक्र-उद-दीन ,मक्का जाना चाहते थे, उन्होंने अपने दोस्त काजी से सलाह ली,देवगिरी के कमालुद्दीन ने उसे चेतावनी दी कि सुल्तान की अनुमति के बिना जाना अशिष्टता होगी क्योंकि सुल्तान उलेमा और सद्रों की उपस्थिति से देवगिरि को आबाद करने और अपनी महिमा और प्रतिष्ठा बढ़ाने के लिए उत्सुक था। इनके अलावा अन्य शेख भी दक्कन चले गए, शेख बुरहान-उद-दीन शेख निज़ाम-उद-दीन औलिया के खलीफा और प्रसिद्ध कवि अमीर हसन भी इनमे से एक थे। मुहम्मद की तथाकथित राजधानी हस्तांतरण की परियोजना वास्तव में भारत के प्रशासनिक इतिहास में एक अनोखा प्रयोग था और उनके प्रतिभाशाली दिमाग का एक अनोखा आविष्कार

था। आम तौर पर यह माना जाता है कि यह एक विनाशकारी विफलता थी, लेकिन हम इस तथ्य को नजरअंदाज नहीं कर सकते कि दक्कन में स्वतंत्र मुस्लिम साम्राज्य की स्थापना और रखरखाव संभव नहीं होता अगर उन्होंने वहां मुस्लिम उपनिवेश स्थापित नहीं किया होता।

मुद्रा सुधारः

मुहम्मद बिन तुग़लक़ ने मुद्रा के क्षेत्र में भी कई उल्लेखनीय बदलाव किए थे तथा एडवर्ड थॉमस ने मुहम्मद बिन तुग़लक़ को 'प्रिंस ऑफ मॉनेयर्स ' कह कर सम्बोधित किया था । अब प्रत्येक सिक्के को सुडौल और कलात्मक डिज़ाइन दिया गया। सिक्कों पर अंकित कुरान की आयतें सावधानीपूर्वक और सुरुचिपूर्ण ढंग से चुनी गई थीं। 'डोकानी' नामक एक नया सिक्का चलाया गया। छोटे सिक्के थोक में ढाले गए ताकि लोगों को कोई असुविधा न हो, सोने और चांदी के बदले हुए सापेक्ष मूल्य को ध्यान में रखते हुए उन्होंने सोने के टंकों का वजन 200 ग्रेन तक बढ़ा दिया, जबकि चांदी को घटाकर 140 ग्रेन कर दिया गया ,ताकि 10 चांदी के टंकों का वजन कम किया जा सके। लेकिन यह संतोषजनक साबित नहीं हुआ. इसलिए 1332 ई. में 175 ग्रेन के सोने और चांदी दोनों टंका रखने की पुरानी प्रथा बहाल की गई।

सांकेतिक मुद्रा सुधार (1329 ई. – 1330 ई.):

मुहम्मद का शासनकाल भारतीय सिक्के के इतिहास में एक महत्वपूर्ण मील का पत्थर है। उन्होंने ,सिक्कों की प्रणाली में सुधार किया गया था , कीमती धातुओं के सापेक्ष मूल्य तय किए और विभिन्न प्रकार के सिक्के जारी किए गए । इस क्षेत्र में उनका सबसे उल्लेखनीय प्रयोग सांकेतिक मुद्रा की शुरूआत थी। हालाँकि यह मध्यकालीन भारतीय सिक्के के इतिहास में सबसे महत्वपूर्ण नवाचार था। चीन के कुबलाई खान (1260-94 ई.) और फारस के घई खातू (1293 ई.) के उदाहरण का अनुसरण करते हुए मुहम्मद ने यह कार्य किया था । तुगलक, ने आदेश जारी किया कि कांस्य के टंकों का खनन किया जाए और उनका उपयोग चांदी के टंकों के बराबर किया जाए। पारंपरिक आंशिक मुद्रा, जिसे जित्तल कहा जाता है, तांबे से बनी होती थी, बरनी ,का कहना है कि चांदी के टंका के बराबर इस्तेमाल होने वाले नए टंका भी तांबे से बने होते थे, जबकि फरिश्ता 'बिरंज' शब्द का उपयोग करता है । 1330 ई. में, सुल्तान ने तांबे के टंका का खनन किया और आदेश दिया कि उन्हें चांदी के टंका के बराबर माना जाना चाहिए। सी.जे. ब्राउन ,थॉमस से सहमत होते हुए पुष्टि करते हैं की मुहम्मद तुगलक को थॉमस ने अनुचित रूप से 'प्रिंस ऑफ़ मनीयर्स ' नहीं कहा है।

सांकेतिक मुद्रा की शुरूआत के कारण:

सबसे पहले, बरनी को खजाने में बहुमूल्य धन की कमी थी जो युद्धों और विद्रोहों के साथ-साथ प्रशासन के क्षेत्र में महंगे प्रयोगों के कारण खत्म हो गया था।

दूसरा , दोआब में अकाल और कठोर कराधान नीति के कारण सुल्तान के राजस्व में काफी गिरावट आई थी ।

तीसरा, मुहम्मद के अत्यधिक नवोन्वेषी स्वभाव ने नवीन प्रयोगों के प्रति असीम उत्साह दिखाया, और भारतीय सिक्के के इतिहास में एक नया अध्याय खोलना चाहते थे। (डॉ. ईश्वरी प्रसाद)

चौथा , फ़रिश्ता का कहना है कि वह भारत के सुदूर प्रांतों और कुछ विदेशी देशों पर विजय प्राप्त क़रने और प्रशासनिक सुधारों के लिए अपने राजस्व को बढ़ाने के लिए उत्सुक था।

पाँचवा, उन्हें अपने से पहले के चीनी और फ़ारसी शासकों के उदाहरणों से प्रोत्साहन मिला जिन्होंने 13वीं शताब्दी में देशों में सांकेतिक मुद्रा शुरू की थी।

छठा, यह योजना दिवालियेपन की किसी भी स्थिति से उत्पन्न नहीं हुई थी, हालाँकि सुल्तान ने अपने पास संसाधनों की कल्पना कर ली थी।

सांतवा , बरनी ,के अनुसार उनके प्रयोग के दो कारण थे:

(i) पहला ,कारण 3,70,000 की विशाल स्थायी सेना को बनाए रखने के लिए धन की आवश्यकता थी।

(ii) दूसरा कारण सुल्तान द्वारा दिए गए भव्य उपहारों के कारण राजकोष में हुई कमी थी।

अंत में, ईश्वरा टोपा संभवतः आधुनिक इतिहासकारों में से पहले थे जिन्होंने यह निष्कर्ष निकाला कि चांदी की कमी ,इस उपाय का सबसे महत्वपूर्ण कारण थी।

मध्ययुगीन भारत में सिक्कों के निर्माण के लिए चांदी का सबसे अधिक उपयोग किया जाता था, सोने का सिक्का अधिक प्रचलित नहीं था। व्यापार और वाणिज्य बढ़ने से चाँदी की माँग बढ़ गई थी । शाही सेनाओं औरअसैनिक सेवाओं को बेशुमार मात्रा में चांदी के सिक्कों के वितरण से वैसी ही समस्या पैदा हो गई, जिसका सामना एक बार अलाउद्दीन खिलजी को करना पड़ा था। उत्तरार्द्ध में सैनिकों के वेतन को कम करके और वस्तुओं की कीमतों को नियंत्रित करके इसे पूरा किया था। तुगलक ,आतंक को पुनर्जीवित नहीं करना चाहता था। उन्होंने चाँदी की कमी की समस्या का समाधान तीन तरीकों से किया:

सबसे पहले, उन्होंने सोने के मुकाबले चांदी की कीमत बढ़ा दी। सोने और चाँदी का सापेक्ष अनुपात दस से एक के बजाय सात से एक के अनुपात तक कम कर दिया गया था ,जो आम तौर पर उनके पूर्ववर्तियों के शासनकाल के दौरान प्रचलित था।

दूसरा , उसने सोने के सिक्कों का वजन बढ़ा दिया और चांदी के सिक्कों का वजन कम कर दिया। अलाउद्दीन खिलजी के शासनकाल में सोने और चांदी के सिक्कों का वजन 175 ग्रेन होता था, मुहम्मद बिन तुगलक ने उनके स्थान पर 200 ग्रेन के सोने के 'दीनार' और 144 ग्रेन के चांदी के 'अदाली' सिक्के जारी किए। इससे स्पष्ट पता चलता है कि तुगलक के शासनकाल में चाँदी की कमी थी।

तीसरा, चांदी की कमी की भरपाई के लिए उसने सांकेतिक मुद्रा शुरू की, जिसे चांदी की मुद्रा के बराबर माना जाना था।

मुहम्मद तुगलक ने लगभग 1330 ई. में कांस्य सिक्कों को वैध मुद्रा बनाया और उनका मूल्य चांदी के सिक्कों के बराबर रखा। उनकी सांकेतिक मुद्रा का यह मूलभूत सिद्धांत आधुनिक कागज और धातु की मुद्रा के समान ही था। कांस्य सिक्कों का आंतरिक मूल्य नगण्य था ,लेकिन वे सरकारी ऋण पर जारी किए गए थे। यह योजना 'कुल मिलाकर काफी अच्छी और नीतिगत जैसी' थी, लेकिन खराब क्रियान्वयन के कारण सुल्तान के अच्छे इरादों के बावजूद विफलता हुई। हालाँकि, अपने उत्साह में, मुहम्मद दो आवश्यक सुरक्षा उपायों को लागू करने में विफल रहे, जिनके बिना योजना निरर्थक साबित होने के लिए बाध्य थी:

(i) राज्य को सिक्के बनाने का एकाधिकार शाही खानों को सौंपना चाहिए था।

(ii) सांकेतिक मुद्रा को पर्याप्त स्वर्ण बुलियन द्वारा समर्थित होना चाहिए।

तुगलक ने आदेश दिया कि लोगों को सोने और चांदी के सिक्कों की तरह ही सभी लेनदेन में इन सिक्कों का उपयोग करना चाहिए। उन दिनों, शाही टकसालों में बनने वाले सिक्के, निर्माण और बनावट , निष्पादन में ऐसे नहीं होते थे कि निजी व्यक्तियों द्वारा आसानी से उनकी नकल न की जा सके। और चूंकि सुल्तान ने नकली सिक्कों के प्रचलन को रोकने के लिए कोई व्यवस्था नहीं की, इसलिए निजी व्यक्तियों ने तांबे के सिक्के बनाना शुरू कर दिया। बरनी, कहते हैं, "प्रत्येक हिंदू का घर" एक टकसाल में बदल दिया गया था।

यह मानने का कोई कारण नहीं है कि मुसलमानों ने उस प्रलोभन का विरोध किया जिसके आगे बरनी के अनुसार, हिंदुओं ने घुटने टेक दिए। तांबे के सिक्कों को आसानी से जाली बनाया जा सकता था। उन्होंने 'बर्तनों को सिक्कों में बदल दिया'। विदेशी व्यापारियों ने नकली मुद्रा के साथ भारतीय सामान खरीदा, लेकिन

अपना सामान बेचते समय इसे स्वीकार करने से इनकार कर दिया, इससे देश में भ्रम और असंतोष फैल गया। लोग सोने और चाँदी के सिक्कों को अपने पास रखते थे और साथ ही सांकेतिक सिक्कों से निपटने में झिझकते थे, जिनका मूल्य 'कंकड़ या बर्तन के टुकड़े से अधिक नहीं था'। बरनी ,का कहना है कि भारी कमी के कारण सोने और चाँदी के सिक्कों का मूल्य चार गुना और पाँच गुना बढ़ गया। व्यापार हर पहलू पर बाधित हो गया और पैसे का सारा लेन-देन रुक गया। सुल्तान की ओर से सभी चांदी के टंकों को हड़पने और उन्हें शाही खजाने में जमा करने की एक चतुर योजना थी, जबकि भविष्य के सभी लेनदेन तांबे के मुद्रा के माध्यम से किए जाएंगे।नतीजा यह हुआ कि हर आम आदमी का घर सचमुच खदान बन गया।

व्यापार और वाणिज्य को निश्चित तौर पर झटका लगा था । ईरानी और इराकी दोनों विदेश व्यापारियों ने राजकोष स्वीकार करने से इनकार कर दिया और शाही प्रतिष्ठा सबसे निचले स्तर पर थी।

विफलता के कारण:

• यह परियोजना न केवल राज्य द्वारा खराब कार्यान्वयन के कारण बल्कि उसके लोगों की बेईमानी के कारण भी विफल रही।

• मानक सिक्के तैयार करने के लिए किसी विस्तृत मशीनरी का अभाव था ।

• टकसाल पर एकाधिकार स्थापित करने या जाली सिक्कों का पता लगाने के लिए विशेष तरीके ईजाद करके जालसाजी को रोकने में सुल्तान की विफलता रही थी ।

• राज्य के अधिकारियों का भ्रष्ट होना तथा संभवत: उनका असंतुष्टों से मिला हुआ होना था ।

मध्यकालीन भारत में राजवंश बार-बार बदलते रहे। लोगों ने सोचा कि उत्तराधिकारी सांकेतिक सिक्कों को वैध व्यापारी के रूप में स्वीकार नहीं करेंगे। विदेशी व्यापारियों के संबंध में विदेशी सरकारों के साथ कोई समझौता नहीं होना सही था ,जब उन्होंने अपने व्यापारिक लेनदेन में कांस्य के सिक्के स्वीकार करने से इनकार कर दिया।

धातुओं की कीमत आपूर्ति और मांग के कानून पर निर्भर करती थी, और शाही अधिनियमों द्वारा तय नहीं की जा सकती थी। सुल्तान ने अपनी इच्छानुसार चाँदी की कीमत बढ़ाकर इस कानून की अवहेलना करके असंतोष पैदा किया।कम से कम लेकिन कम से कम नहीं, मुहम्मद बिन तुगलक द्वारा सांकेतिक मुद्रा का माप उस युग से बहुत आगे था, जिन परिस्थितियों में इसका विफल होना तय था।

सांकेतिक मुद्रा में इस प्रयोग से बेहतर सुधार का कोई भी उपाय इतना क्रूर और निराशाजनक कभी नहीं था। दो साल तक उपयोग में रहने के बाद सुल्तान ने सांकेतिक मुद्रा को वापस लेने का आदेश दे दिया था। उन्होंने सभी सांकेतिक सिक्कों को वापस ले लिया, चाहे असली हों या जाली, ऐसे सभी सिक्कों के बदले में प्रत्येक को चांदी से बदल दिया गया था । बरनी लिखते हैं, "इतने सारे तांबे के टंका राजकोष में लाए गए कि तुगलकाबाद में उनके ढेर पहाड़ों की तरह उग आए, तांबे के बदले खजाने से बड़ी समझदारी निकल गई और एक बड़ी कमी हो गई"। यह पूरा प्रकरण शासक की अक्षमता और उसकी प्रजा के गैर-जिम्मेदार आचरण पर एक दुखद टिप्पणी है, दोनों पक्ष समान रूप से दोषी थे। डॉ. ईश्वरी प्रसाद कहते हैं, ''नई मुद्रा प्रचलन में सोने और चांदी की आपूर्ति से अधिक है। स्वाभाविक रूप से, जब घटिया मुद्रा को बड़ी मात्रा में बाजार में लाया गया, तो ग्रेशम के नियम के संचालन के माध्यम से श्रेष्ठ मुद्रा को बाजार से बाहर कर दिया गया।

लोक निर्माण:

1327-28 ई. में सुल्तान ने दिल्ली में 'जहाँ पनाह' नामक एक नए शहर का निर्माण शुरू किया था, जिसका उद्देश्य पहले की उपनगर को एक ही दीवार के भीतर जोड़ना था। हालाँकि, इस योजना को पूरी तरह से अमल में दो बार लाना महंगा पड़ा था ।

न्यायिक प्रशासन:

न्याय के प्रति मुहम्मद के प्रेम के कारण कहीं अधिक सुखद परिणाम मिले और इतिहासकारों के हाथों उसे उच्च सम्मान प्राप्त हुआ। उन्होंने सक्षम गैर-पादरियों को भी नियुक्त किया और व्यक्तिगत रूप से सप्ताह में दो बार प्रत्येक सोमवार और गुरुवार को केवल विशेष व्यवस्था के साथ दरबार आयोजित किया। 'दीवान-ए-खाना' के चारों द्वारों पर लोगों की शिकायतों का निवारण करने के लिए एक न्यायधीश को तैनात किया गया था। यदि कोई अपने मामले में उनमें से किसी को दिलचस्पी लेने में विफल रहता है, तो वह सीधे 'सद्र-ए-जहाँ' (यानी क्षेत्र के मुख्य न्यायाधीश) के पास जा सकता है और उसे विफल करने के लिए स्वयं सुल्तान के पास जा सकता है। सुल्तान के एक भाई मुबारक खान को 'मीर-ए-दाद' नियुक्त किया गया था और उस पर उन सभी अमीरों और उच्च अधिकारियों को न्याय के कटघरे में लाने की जिम्मेदारी सौंपी गई थी, जो पकड़े जाने पर 'उलेमा' और 'सैय्यद' तक की सजा से बच गए थे। कानून का उल्लंघन करने का दोषी ,उन्होंने अपने विरुद्ध भी मुक़दमे दायर करने की अनुमति दी। एक बार शेखज़ादा जामी ने सुल्तान को अत्याचारी बताया था। मामले को तुरंत 'क़ाज़ी' के पास भेजा

गया और शेखज़ादा को अपने पक्ष को प्रमाणित करने के लिए कहा गया। लेकिन, जब वह कोई सबूत पेश करने में असफल रहा, तो उसे देशद्रोह का दोषी ठहराया गया और फाँसी दे दी गई। मृत्युदंड के सभी मामलों पर सुल्तान द्वारा महल में मौजूद 'मुफ़्तियों' के साथ चर्चा की जाती थी और किसी दोषी को जल्लाद के पास तभी भेजा जाता था ,जब मुफ़्ती अपने बचाव में कोई ठोस मामला पेश करने में विफल रहता था।

लेकिन ,एक बार अपराध साबित हो जाने पर अपराधी को कड़ी से कड़ी सज़ा दी जाती थी। जिंदा जला देना, किसी की आंखों की पुतलियों को काट देना, कान और नाक काट देना, हाथ और पैर काट देना उस समय की आम सजाओं में से कुछ थीं। इकबालिया बयान अक्सर यातना द्वारा सुरक्षित किए जाते थे। यह दंड संहिता की गंभीरता और बर्बरता को दर्शाता है।

सुल्तान मूलतः एक उदार आत्मा था और उसके दान विभाग में हर साल करोड़ों टंका खर्च होते थे। सुल्तान को उदार उपहारों से कष्टों के निवारण से अधिक किसी भी चीज़ से प्रसन्नता नहीं हुई। लेकिन जैसा कि अक्सर होता है, बेईमान लोगों ने सुल्तान की इस कमजोरी का फायदा उठाया और अपने कथित कष्टों की कहानियां गढ़कर धन का भरपूर अनुदान हासिल किया।

सैन्य प्रशासन:

जैसा कि 'मसालिक-उल-अबसार' के लेखक ने उल्लेख किया है, मुहम्मद बिन तुगलक की सेना में 90,000 घुड़सवार शामिल थे। वह इस राशि को सुल्तान के अधीन सेना की कुल ताकत और आमीरों की सेना से संदर्भित करता है। यह विशाल सेना पूरे साम्राज्य में बिखरी हुई होगी और इसलिए इसे कभी भी केंद्रीय सरकार द्वारा नामांकित नहीं किया जा सका होगा। मुहम्मद तुगलक के शासनकाल में 3,70,000 घुड़सवार 'अरिज-ए-मुमालिक' कार्यालय में नामांकित थे। यह आंकड़ा केंद्रीय सेना के नामांकन को इंगित करता है क्योंकि जैसा कि पहले उल्लेख किया गया है, मसालिक-उल-अबसार के लेखक ने हमें बताया है कि तुगलक की सेना की कुल ताकत 90,000 घुड़सवार थी, जिसमें गवर्नर भी शामिल थे। तुगलक के शासनकाल के दौरान हमें 'मसालिक-उल-अबसार' के लेखक ने बताया है कि एक सैनिक का वेतन भोजन, पोशाक और चारे के अलावा '500 टंका' दिया जाता था। सैनिकों को भू-राजस्व का कार्यभार नहीं दिया जाता था और वे अपना वेतन शाही खजाने से लेते थे।

निःसंदेह, घुड़सवार सेना उनकी ताकत का मुख्य स्रोत थी, लेकिन हाथियों की उपेक्षा नहीं की गई, बल्कि उन्हें अपने फायदे के लिए इस्तेमाल किया गया

और वे उनकी सेना के बड़े हिस्से का सहारा बने। तुगलक के पास लगभग 3000 हाथियों की एक हाथी वाहिनी थी, जिसमें हाथियों की देखभाल के लिए एक अलग अधिकारी होता था जिसे 'शाहना-ए-पिल' कहा जाता था। उनकी मांग इतनी अधिक थी कि उनके बदले घोड़े दिए जाने लगे।

यदि सैन्य प्रशासन अधिक मानकीकृत नहीं था ,तो वह कुशल था और इसने सुल्तान को उसकी विजय में मदद की।

डाक व्यवस्था के लिए सुल्तान ने 'डाक-चौकियों' को स्थापित किया ताकि सूचनाएं के त्वरित गति से प्राप्त हो सके ।

4

मुहम्मद बिन तुगलक :विदेश नीति

अला-उद-दीन की तरह मुहम्मद बिन तुगलक ने सार्वभौमिक विजय के असाधारण सपने संजोए थे । बरनी और फ़रिश्ता हमें बताते हैं कि ट्रांसऑक्सियाना के मंगोल प्रमुख तर्मशिरिन के पीछे हटने के तुरंत बाद, सुल्तान ने विदेशी देशों पर विजय प्राप्त करके अपने साम्राज्य का विस्तार करने का सपना देखना शुरू कर दिया। खुरासान उनकी रुचि वाला पहला क्षेत्र था। ख़ुरासान देश ,इलकान मंगोलों के फ़ारसी साम्राज्य का एक हिस्सा था। अबू ने कहा, फारस का तत्कालीन मंगोल सम्राट, छोटा होने के कारण उसका साम्राज्य ट्रान्सोक्सानिया के चघाटाई प्रमुख तर्मशिरिन द्वारा चाहा गया था।

ग़ज़नी के पास फ़ारसी सेनाओं के हाथों, तरमाशिरिन को अप्रत्याशित हार का सामना करना पड़ा, 1326 ई. में 40,000 सैनिकों के साथ भारतीय सीमा पार करने के लिए मजबूर होना पड़ा। तुगलक ने अपने प्रभुत्व की सुरक्षा के लिए जल्दबाजी की और तरमाशिरिन को वापस अफगानिस्तान लौटना पड़ा। ऐसा कहा जाता है कि ट्रान्सोक्सानिया लौटने से पहले, तर्मशिरिन ने खुरासान की विजय के लिए मुहम्मद बिन तुगलक के साथ एक मैत्रीपूर्ण गठबंधन बनाया था, ऐसा प्रतीत होता है कि उन्होंने अभियान के संबंध में मिस्र के शासक को भी विश्वास में ले लिया था, जिससे एक प्रकार का गठबंधन हुआ ,जिसे त्रिपक्षीय गठबंधन कहा जा सकता है।

ट्रान्सोक्सानिया ,पहुँचने पर तरमाशिरिन ने अपने दामाद ,अमीर नौरोज़ को कई मंगोल सरदारों के साथ मुहम्मद बिन तुगलक के दरबार में भेजा। वे उसकी सेना में शामिल हो गए और अमीर नौरोज़ 1351 ई. में सुल्तान की मृत्यु तक

उसकी सेवा में रहे। बरनी लिखते हैं कि विदेशियों के उकसाने पर, सुल्तान ने खुरासान और इराक पर विजय प्राप्त करने की एक परियोजना तैयार की थी । मुहम्मद बिन तुगलक ने खुरासान और इराक देशों के बारे में जानकारी प्राप्त करने के उद्देश्य से विदेशी प्रमुखों पर दिल खोलकर खर्च किया। अफगानिस्तान का तर्मशिरिन के नियंत्रण में होना और मुहम्मद बिन तुगलक की योजना से मुस्लिम जगत में किसी प्रकार का संयुक्त प्रभाव क्षेत्र स्थापित होना प्रतीत हो रहा था। ऐसा कहा जाता है कि तरमाशिरिन ने गजनी को मुहम्मद बिन तुगलक के साथ सीधे संचार और बातचीत के लिए खोल दिया, इस प्रकार गजनी एक राजनयिक केंद्र बन गया और सुल्तान के राजनीतिक प्रभाव में आ गया, जो अक्सर अपनी सरकार को धन भेजता था और लगभग 'गजनी के काजी' को अपने अधीन कर लेता था।

बरनी ,बार-बार इब्न बतूता की निंदा करता है, बुखारा के तर्मशिरिन के दरबार में अपने व्यक्तिगत अनुभव के आधार पर, वह हमें बताता है कि मुहम्मद बिन तुगलक तर्मशिरिन के प्रति अत्यंत दयालु था और दोनों के बीच भाईचारे का संबंध था। तरमाशिरिन अपने पूर्ववर्तियों की तरह काफिर नहीं था, उसने ट्रान्सोक्सानिया के राज्य धर्म के रूप में इस्लाम के सुन्नी रूप को अपनाया था। यह शायद मुहम्मद बिन तुगलक के साथ तर्मशिरिन की घनिष्ठता का एक अतिरिक्त कारण था।

बरनी, के बयान के अनुसार, सुल्तान ने खुरासान और इराक की प्रस्तावित विजय के लिए 3,70,000 सशस्त्र कर्मियों की एक विशेष सेना भर्ती की, जो 'खुरासान सेना' के नाम से जानी जाती थी।यह सेना स्पष्ट रूप से दिल्ली की नियमित शाही सेना से ऊपर थी और प्रांतीय गवर्नरों की टुकड़ियां इसमें बड़ी संख्या में दोआब के राजपूतों और हिंदुओं के साथ-साथ मंगोल के भाड़े के सैनिक भी शामिल थे। चूँकि पूरी सेना एक वर्ष के भीतर खड़ी कर दी गई थी, इसलिए भर्ती की शर्तें बहुत उदार और आकर्षक रही होंगी।

जैसा कि प्रत्याशित था, ख़ुरासान अभियान सफल नहीं हो सका और सेना का उपयोग नहीं किया जा सका, इसके रखरखाव और उपकरणों के कारण धन की भारी निकासी हुई। बरनी ,के शब्दों में, "पूरे वर्ष तक, इन सैनिकों को समर्थन और वेतन दिया गया, लेकिन चूँकि उन्हें युद्ध और विजय में नियोजित नहीं किया गया था, जब अगला वर्ष आया तो राजकोष में उनका समर्थन करने के लिए पर्याप्त धन नहीं था"।

हालाँकि, बरनी ने इसका कारण नहीं बताया कि खुरासान अभियान क्यों नहीं चलाया गया। यह संभवतः फारस, मिस्र और ट्रैसोक्सानिया के राजनयिक और

राजनीतिक संबंधों में आए अचानक और अप्रत्याशित परिवर्तनों के कारण था। फारस के दरबार और मिस्र के सुल्तान के बीच मैत्रीपूर्ण संबंध थे और उनके एक चचेरे भाई द्वारा तर्मशिरिन की गवाही दी गई थी। त्रिपक्षीय गठबंधन टूट गया और सुल्तान को बिना सहायता के अभियान बंद करने के लिए बाध्य होना पड़ा। सहयोगियों ने अनुमानित आक्रमण में उसकी मदद करने के बजाय केवल अपने हित साधने के लिए गठबंधन बनाया। इस प्रकार दिल्ली सुल्तान की योजना हर दृष्टिकोण से "उच्चतम स्तर तक अराजनीतिक थी"। संभवतः पैसे की कमी के कारण इसे छोड़ना पड़ा। बरनी लिखते हैं, "प्रतिष्ठित देशों का अधिग्रहण नहीं किया गया और उनका खजाना, जो राजनीतिक शक्ति का सच्चा स्रोत है, खर्च कर दिया गया"।

आक्रमण की योजना में जो कमी थी वो निम्लिखित थीं :

• भौगोलिक कारकों को पूरी तरह से नजरअंदाज कर दिया गया।

• इतनी बड़ी सेना को हिंदुकुश और हिमालय पर भेजना असंभव था।

• जलवायु बहुत प्रतिकूल थी।

• भारतीय सेना उलुग खान और जफर खान जैसे नेताओं के सामने सक्षम नहीं थी।

• सुल्तान को मध्य एशियाई राजनीति का कोई ज्ञान नहीं था।

मुहम्मद बिन तुगलक को अंततः इस योजना की सच्चाई की जानकारी हुई और वह भलाई के लिए इस योजना को छोड़ने के लिए बाध्य हो गया।खुरासान सेना में से लगभग एक लाख सैनिक कराचल अभियान में कार्यरत थे, बाकी को भंग कर दिया गया। सैनिकों को अचानक नौकरी से निकाल दिया गया और वे लूटपाट करने लगे और सरकार के साथ-साथ जनता के लिए भी एक बड़ी विफलता साबित हुई ।

हालाँकि, इतिहासकारों के एक अन्य समूह द्वारा अलग-अलग राय व्यक्त की गई है। मंगोल कालक्रम के अध्ययन के आधार पर, उन्होंने अनुमान लगाया है कि:

(i) भारत के बाहर एक अभियान था।

(ii) तरमाशिरिन की भारत यात्रा का उद्देश्य आक्रमण से दूर मुहम्मद बिन तुगलक को उसके सिंहासन के अन्य दावेदारों से सुरक्षित करना था।

(iii) मुहम्मद भी तर्मशिरिन की वफादारी सुनिश्चित करने के इच्छुक थे, क्योंकि सीमावर्ती क्षेत्रों में एक सहयोगी शाही सीमाओं को मजबूत करेगा।

(iv) इससे पहले कि मुहम्मद तुगलक तरमाशिरिन की हार और फाँसी की खबर अफगानिस्तान तक पहुँचा पाता वह वापस आ गया।

(v) मुहम्मद तुगलक ने अपने सैनिकों को पीछे छोड़ दिया, हालाँकि सीमा रवी नदी की थी, मुहम्मद का क्षेत्र पेशावर तक फैला हुआ था जिसे वह खाली करने के लिए तैयार नहीं था। हालाँकि, खोखरों और अन्य पहाड़ी जनजातियों से लगातार खतरे के कारण उनके लिए इस मार्ग को बनाए रखना असंभव हो गया।

हालाँकि, इतिहासकारों की आम सहमति ने इस सिद्धांत को खारिज कर दिया है और डॉ. वी.ए.स्मिथ के पारंपरिक दृष्टिकोण को स्वीकार करने के इच्छुक दिखायी देते हैं। स्मिथ ने कहा कि खुरासान और कराचल में क्रमशः दो अलग-अलग अभियान थे।

कराचल अभियान: (1333-1334 ई.)

बरनी, के अनुसार मुहम्मद का कराचल अभियान 'खुरासान अभियान' नामक परियोजना का एक हिस्सा था। खुरासान ,पर विजय प्राप्त करने की अपनी योजना की विफलता के बाद सुल्तान ने इस उद्देश्य के लिए खुरासान सेना के एक हिस्से (लगभग लाख) का उपयोग किया। फ़रिश्ता ,लिखते हैं कि सुल्तान ने चीन के लिए एक अभियान का नेतृत्व किया, जिसने इतिहासकारों को भ्रमित कर दिया है। इब्न बतूता और बरनी ने स्पष्ट रूप से कहा है कि सुल्तान का उद्देश्य 'करजाल पर्वत' या कराचल को जीतना था, जो भारत और चीन के क्षेत्रों के बीच स्थित था, ताकि घोड़ों और सैनिकों का मार्ग और सेना का आवागमन हो सके। (बरनी) समकालीन लेखकों का क़राचिल से तात्पर्य संभवतः कुमाऊँ-गढ़वाल क्षेत्र का पुराना नाम 'कुर्माचिल' था। ये पहाड़ी इलाके आमतौर पर दिल्ली सरकार के खिलाफ विद्रोहियों के लिए शरण स्थल के रूप में काम करते थे। इसीलिए मुहम्मद बिन तुगलक उन्हें सीधे अपने नियंत्रण में लाना चाहता था।

सुल्तान मुहम्मद बिन तुगलक का भतीजा ,खुसरो मलिक कराचल सेना का प्रमुख सेनापति था। स्थिति का सावधानीपूर्वक विश्लेषण करने के बाद, सुल्तान ने उसे हमले की स्थिति और मैदानी इलाकों में तलहटी के बीच पहाड़ों के माध्यम से मार्ग के अंतराल पर सैन्य चौकियां स्थापित करने का निर्देश दिया। ये चौकियाँ प्रावधानों के परिवहन को सुविधाजनक बनाने और पीछे हटने या अव्यवस्था की स्थिति में शरण के स्थानों के रूप में सेवा करने के दोहरे उद्देश्य की पूर्ति करती थीं। जब तक सुल्तान के इन निर्देशों पर काम किया गया, खुसरो मलिक को सफलता मिली। शाही सैनिकों ने हिमालय की तलहटी में 'जिद्या' और आसपास के क्षेत्र पर कब्ज़ा कर लिया।

उन्होंने विद्रोही सरदारों की भूमि और खजाने को जब्त कर लिया और फिर ऊंचाइयों पर चढ़कर 'वारंगल' पर कब्जा कर लिया। खुसरव मलिक ने अपनी जीत की लिखित सूचना सुल्तान को भेजी, जिसने नए अधिग्रहीत क्षेत्रों के नागरिक प्रशासन की जिम्मेदारी लेने के लिए एक 'काजी' और एक 'खुत्बा ' को भेजा। ऐसा प्रतीत होता है, कि प्रारंभिक सफलता ने मलिक का सिर झुका दिया और उसने सुल्तान के आदेश का उल्लंघन किया। जीत से उत्साहित होकर, वह पूरी सेना को पहाड़ों के पार तिब्बत में ले गया, जहां बर्फीली ठंडी हवाओं और बारिश ने उसे घेर लिया, जिसके बाद प्लेग फैल गया। सेना में भगदड़ मच गई और पासा पलट गया। । वापिस आ रहे सैनिकों की सुरक्षा के लिए पहले से स्थापित सैन्य चौकियाँ अस्त-व्यस्त हो गईं। परिणामस्वरूप, पूरी सेना नष्ट हो गई। इब्न बतूता, के अनुसार केवल कुछ ही सैनिक बचे थे और बरनी के अनुसार दिल्ली में निराश सुल्तान को दुख की कहानियाँ सुनाने के लिए सैनिक ही बचे थे, जिन्होंने उन्हें बेहतर ज्ञात कारणों से तुरंत फाँसी पर लटका दिया था।

कराचल सेना नष्ट हो गई, हालांकि सुल्तान ने वह राजनीतिक उद्देश्य हासिल कर लिया जिसके लिए इस अभियान की आवश्यकता थी। इब्न बतूता, इस संबंध में एक सार्थक बयान देता है: "इसके बाद सुल्तान ने पहाड़ियों के निवासियों के साथ इस शर्त पर शांति स्थापित की कि वे उसे एक निश्चित राशि का भुगतान करेंगे।" चूँकि इन लोगों ने पहाड़ी के नीचे स्थित क्षेत्र पर कब्ज़ा कर लिया था, इसलिए वे उसकी अनुमति के बिना इसका उपयोग करने में असमर्थ थे।

मुहम्मद बिन तुगलक ,अपने प्रबुद्ध दिमाग और न्याय के प्रति प्रेम के साथ धर्मनिरपेक्ष मुद्दों को अलाउद्दीन खिलजी के समान उलेमाओं के बंधनों से मुक्त रखने के लिए समान रूप से दृढ़ थे। हालाँकि उन्होंने कभी भी 'शरीयत' की अवहेलना नहीं की, लेकिन उन्होंने महत्वपूर्ण मुद्दों पर उनका समर्थन हासिल करने के लिए भी दबाव नहीं डाला। उन्होंने जब भी आवश्यक समझा और "अपने राजनीतिक आचरण को तर्क पर आधारित करना चाहा" तो उन्होंने शरीयत की उपेक्षा की। इसके बजाय, उन्होंने चार 'मुफ्ती' रखे जो उन्हें न्याय प्रशासन में सही सलाह देते थे।।

कानून के समक्ष समानता उनके शासन का सिद्धांत था और उन्होंने स्वयं उन्हीं कानूनों द्वारा शासित होने का दावा किया था। मुहम्मद ने व्यक्तिगत रूप से न्याय के कार्यान्वयन की निगरानी की और उलेमाओं और क़ाज़ी की सलाह को खारिज कर दिया, जब भी उन्होंने इसे कानून से अलग पाया। उन्होंने सभी महत्वपूर्ण मामलों पर धर्मशास्त्रियों से परामर्श किया, लेकिन उनकी सलाह

तभी स्वीकार की जब वह तर्क और समीचीनता की अपील करती थी। उसने धर्मशास्त्रियों को न्याय प्रशासन के एकाधिकार से वंचित कर दिया। जब भी काजी ने उन्हें दोषपूर्ण पाया, उन्होंने उनके फैसले को खारिज कर दिया।

उन्होंने कुछ गैर धर्मशास्त्रियों को न्यायिक पदों पर नियुक्त किया। जब भी 'उलेमा' को विद्रोह, राजद्रोह या धार्मिक धन के गबन का दोषी पाया गया, तो सुल्तान ने उन्हें दंडित किया। इस नीति का परिणाम यह हुआ कि राज्य के राजनीतिक और प्रशासनिक मामलों में उलेमा का वर्चस्व कम हो गया। इससे स्वाभाविक रूप से सुल्तान को उलेमा वर्ग की शत्रुता का सामना करना पड़ा। उनके संबंध इतने तनावपूर्ण हो गए कि मुहम्मद ने अपने शासनकाल के उत्तरार्ध में सभी विद्रोहों के लिए उलेमा को जिम्मेदार ठहराया।

बलबन की तरह, सुल्तान का मानना था कि सुल्तान "ईश्वर की छाया" था। उनके सिक्कों पर उल्लेखित था, "अल सुल्तान ज़िल्ली अल्लाह" (सुल्तान, ईश्वर की छाया) सिक्कों के माध्यम से उन्होंने लोगों को राजा की महिमा के महत्व को बताने का प्रयास किया। कुछ सिक्कों पर हमें ऐसे छंद मिलते हैं, जैसे "संप्रभुता हर व्यक्ति को नहीं दी जाती है, बल्कि चुने हुए लोगों को सौंपी जाती है"। "वह जो सुल्तान की आज्ञा का पालन करता है वह वास्तव में भगवान की आज्ञा का पालन करता है"। "सुल्तान ईश्वर की छाया है" और "ईश्वर सुल्तान का समर्थक है"। उन्होंने खिलाफत के सभी संदर्भ हटा दिए थे , हालांकि उन्होंने खलीफा की उपाधि धारण नहीं की।

अपनी न्याय संबंधी उदारता और व्यक्तिगत क्षमता के बावजूद, सुल्तान ने पाया कि वह अधिकाधिक अलोकप्रिय होता जा रहा है। यह सोचकर कि लोगों (मुसलमानों) की नाराजगी मुस्लिम कानून की अनदेखी के कारण हो सकती है, उन्होंने अपने शासनकाल के उत्तरार्ध में खिलाफत के प्रति अपनी नीति को बदल दिया।

विद्रोहों को दबाने में असमर्थ, सुल्तान ने उन्हें नौकरी पर रखने की भी पेशकश की, लेकिन जब उन्होंने इन्कार कर दिया, तो उसने उन्हें अत्यंत कठोर दंड दिया। हालाँकि, 1340 ई. में उसने ख़लीफ़ा को मान्यता दिलाने की कोशिश की और ख़लीफ़ा के वंशज से अपना अलंकरण स्वीकार कर लिया, जिसका भरपूर समर्थन किया गया। उसने सिक्कों से अपना नाम हटाकर खलीफा का नाम अंकित करवा दिया। सभी शाही आदेश सुल्तान के नाम पर नहीं बल्कि खलीफा के नाम पर जारी किये जाते थे। 1340 ई. में सुल्तान ने मिस्र के खलीफा के वंशज, अर्थात् गियास-उद-दीन मुहम्मद को आमंत्रित किया, उन्हें सम्मान दिया और बेहद महंगे उपहार

दिए। लेकिन, इससे भी मुहम्मद की लोकप्रियता बहाल नहीं हुई, जिससे उन्हें बहुत चिंता हुई लेकिन कोई मदद नहीं मिली। 1344 ई. में मुहम्मद तुगलक को मिस्र के खलीफा द्वारा भेजा गया दूत हाजी सईद सरसारी मिला। खलीफा का सर्वोच्च सम्मान के साथ स्वागत किया गया। सुल्तान, राज्य के सभी महान अधिकारी, सैय्यद, पवित्र और विद्वान व्यक्ति, वे सभी जो किसी भी महत्व का दिखावा कर सकते थे, दूत से मिलने के लिए दिल्ली से बाहर गए। जैसे ही दूत पास आया, सुल्तान नंगे पैर उसके पास गया और उसके पैरों को कई बार चूमा। शहर में विजयी मेहराब बनाए गए और भिक्षाएँ बड़े पैमाने पर वितरित की गईं। दूत के कथनों को लिपिबद्ध किया गया और दोहराया गया जैसे कि उन्हें प्रेरित किया गया हो। बरनी ,के शब्दों में, "ख़लीफ़ा की आज्ञा के बिना, राजा मुश्किल से एक भर पानी पीने की हिम्मत करता था"। इसके बावजूद मुहम्मद तुगलक को अपनी जनता की वफादारी और विश्वास दोबारा हासिल नहीं हुआ। वह हमेशा की तरह अलोकप्रिय बना रहा ।

मुहम्मद स्वभाव से उदार स्वभाव और जीवन के प्रति व्यापक दृष्टिकोण वाले व्यक्ति थे। वह अपनी अधिकांश प्रजा के धर्म के प्रति अधिक असहिष्णु नहीं था। उन्होंने उनमें से कुछ को काफी महत्वपूर्ण पदों पर नियुक्त किया। चार कानूनी कर खिराज, ज़कात, जजिया और खुम्स थे ,लेकिन मुहम्मद ने इनके अलावा भी कई कर लगाए। मुहम्मद तुगलक ने सोचा कि एक बार इस्लामी लोगों के कानूनी प्रमुख द्वारा मान्यता प्राप्त होने के बाद, सुल्तान को तार्किक रूप से उलेमाओं द्वारा अपने श्रेष्ठ के रूप में स्वीकार किया जाएगा। हालाँकि, उलेमाओं ने एक विधर्मी के शासन के साथ समझौता करने से इन्कार कर दिया, जो अपनी प्रबुद्ध शिक्षा के साथ न केवल हिंदुओं के प्रति सहिष्णु था, बल्कि उन्हें उच्च पदों पर नियुक्त भी करता था।

चरण II: (1333 ई. – 1351 ई.)

मुहम्मद तुगलक, के शासनकाल के उत्तरार्ध में निकट और दूर के विशाल साम्राज्य के प्रांतों में तेजी से और दुखद व्यवधान देखा गया, जब तक कि साम्राज्य को मध्य तक सीमित नहीं कर दिया गया, तब तक उन्होंने अपनी स्वतंत्रता की घोषणा कर दी। भारत का गुजरात पर नाममात्र का कब्ज़ा रह गया था । इस द्वित्य चरण में मुहम्मद बिन तुगलक की विदेश नीति शामिल है। तुगलक शासनकाल के पहले दस साल बिना किसी गंभीर विघटन के गुजर गए, लेकिन 1335 और 1351 ई. के बीच प्रांत एक के बाद एक गिरते गए और विशाल साम्राज्य के त्वरित उत्तराधिकार में मैसूर, बंगाल और दक्कन खो गए। शुरुआत में प्रांत

पश्चिम में सिंध और पंजाब से लेकर पूर्व में बिहार और बंगाल और उत्तर में हिमालय से लेकर दक्षिण में मैसूर और मदुरा तक फैले हुए थे।

(ए) राजपूताना:

तुगलक की विदेश नीति विशेष सफल नहीं रही। अपने शासनकाल के प्रारंभिक वर्षों में उसने चित्तौड़ के शासक हम्मीर के विरुद्ध युद्ध किया था। राजपूत 'ख्यात' के अनुसार, हम्मीर ने सुल्तान को पराजित किया और पकड़ लिया और उसे तीन महीने के बाद तभी रिहा किया जब वह 50 लाख टंका, 100 हाथी और अजमेर, रणथंभौर, नागोर के जिलों की पेशकश करने पर सहमत नहीं हुआ। टॉड, एर्कसिन और पंडित गौरीशंकर, हीराचंद ओझा ,मुहम्मद की हार की कहानी को सत्य मानते हैं । लेकिन डॉ. ईश्वरी प्रसाद और मेहदी हुसैन जैसे अन्य लेखक इसे झूठ कहकर खारिज करते हैं क्योंकि किसी भी फ़ारसी इतिहास में इस युद्ध का कोई संदर्भ नहीं मिलता है।

मंगोल: तरमाशिरिन का भारत आगमन

उनकी विदेश नीति की एक अन्य घटना तरमाशिरिन के मंगोल शासक के साथ संबंध थे। वह दाउद का पुत्र था, जिसने अलाउद्दीन खिलजी के शासनकाल के दौरान भारत पर कब्ज़ा करने और आक्रमण करने की कोशिश की थी। तरमाशिरिन, ट्रांस ऑक्सानिया पर शासन करने वाला चगताई शासक था। वह हलागु के वंशज, फारस के इल्कान्स के साथ खंजर में था। इल्कान्स ने शिया धर्म अपनाया जबकि तरमाशिरिन सुन्नी थे। इलकान्स कमजोर हो गया था । अबू ने कहा कि इलकानिद साम्राज्य के उलजैतु के उत्तराधिकारी को अमीर चोपन द्वारा विखंडित करने की साजिश रची जा रही थी। तरमाशिरिन ने इस स्थिति का फायदा उठाते हुए खुरासिन पर कब्ज़ा करने के लिए गजनी और काबुल पर ध्यान केंद्रित करना शुरू कर दिया, जब उसकी तैयारी चल रही थी, चोपन के बेटे अमीर हसन ने उसे गजनी में हराकर आश्चर्यचकित कर दिया और उसे लूट लिया। तारामशिरिन को पीछे हटना बहुत कठिन लगा, इसलिए वह भारत की ओर भाग गया। शियाओं को हराने के लिए समर्थन जुटाने के लिए उन्होंने सुन्नी तुगलक से मुलाकात की। तुगलक ने उसे शरण दी लेकिन ख्वाजा जहां और कुतुलग खान ने उसका भारत में रहना मंजूर नहीं किया। इस प्रकार, मुहम्मद ने उसे वापस भेज दिया और विदाई उपहार के रूप में उसे 5000 दीनार की पेशकश की। संकट के समय में मुहम्मद की उदारता से प्रभावित होकर ,बाद में मुहम्मद की क्षमता और शक्ति के कारण ,तर्मशिरिन के पत्र से पता चलता है कि भाईचारे के रिश्ते कायम रहे।

बरनी और इब्न बतूता इसे आक्रमण नहीं मानते, लेकिन याह्या और फ़रिश्ता इसे आक्रमण मानते हैं, जैसा कि मंगोल पहले भी भारत पर आक्रमण करते रहे हैं। मंगोल इतिहासकारों ने इसे तारमाशिरिन की जीतों में से एक बताया है, शायद इसलिए क्योंकि उसे 5000 दीनार भेंट किये गये थे। फ़रिश्ता का कहना है कि तरमाशिरिन ने लमघान और मुल्तान के रास्ते भारत में प्रवेश किया था । उत्तर-पश्चिम के अधिकारी उसको रोकने में विफल रहे और तुगलक ने खुद को किले में बंद कर लिया था । अकाल के कारण मंगोल बड़ी मुसीबत में फंस गए थे, जिसके कारण मुहम्मद को एक सेना इकट्ठा करने का समय मिला, जिसे उन्होंने मंगोलों के खिलाफ भेजा और कभी-कभी बड़ी मात्रा में धन की पेशकश भी की। फ़रिश्ता के अनुसार यह राशि साम्राज्य की कीमत के बराबर थी। इसने मंगोलों को भूमि से हटने के लिए प्रेरित किया। मुहम्मद ने उनके खिलाफ एक सेना भेजी लेकिन वह मंगोलों की पकड़ में आने से बच गयी।

इन दोनों संस्करणों में कुछ सामान्य विशेषताएं हैं। तरमाशिरिन ने लूटपाट की, सीमांत अधिकारी उसे रोकने में विफल रहे, यदि आक्रमण को नहीं रोका गया तो वह फिर से हमला करेगा यह निश्चित था ।

चीनी सम्राट और अन्य मंगोल शासकों के साथ संबंध:

सुल्तान मुहम्मद के शासनकाल में मंगोलों की शक्ति तेजी से घट रही थी। इस प्रकार कई लोगों ने मुहम्मद के साथ मैत्रीपूर्ण संबंध स्थापित करने का प्रयास किया। तरमाशिरिन के अलावा, इराक के राजा मूसा, ख्वारिज़्म की रानी तुरबाक और चीन के सम्राट तोगान तैमूर ने दूत भेजे और मुहम्मद ने इब्न बतूता को भी अपने राजदूत के तौर पर चीन भेजा।

(सी) नगरकोट: (1337 ई.)

सुल्तान को केवल हिमालय तराई क्षेत्र में कुछ सफलता मिली जो आम तौर पर स्वतंत्र था। इसमें कामरूप शामिल था। तराई में होने के कारण वे न तो अमीर थे और न ही आसानी से जीते जा सकने वाले थे। लेकिन वे चीन के प्रभाव में आ सकते हैं, जैसा कि पहले हुआ था , इसलिए भारतीय सीमाओं की सुरक्षा के लिए इन भूमियों पर कब्ज़ा करना वांछनीय था। सुल्तान ने नगरकोट पर आक्रमण करके इसकी शुरुआत की थी । पंजाब में कांगड़ा जिले की पहाड़ी पर स्थित नगरकोट का किला महमूद गजनवी के समय से ही तुर्की सेना को परिभाषित करता था। अलाउद्दीन खिलजी ने संपूर्ण भारत पर विजय प्राप्त करने के बावजूद नगरकोट हिंदुओं के हाथ में ही रहा था । 1337 ई. में मुहम्मद ने इसके विरुद्ध एक अभियान चलाया। राजा ने प्रतिरोध किया और किले पर कब्ज़ा नहीं किया जा

सका। स्थानीय शासक ने मुहम्मद की अधीनता स्वीकार कर ली थी । सुल्तान ने किला उसे लौटा दिया और प्रसिद्ध ज्वालामुखी मंदिर को वैसे ही छोड़ दिया था ।

(डी) हिमाचल: (1337 ई.)

नगरकोट की विजय के बाद सुल्तान ने एक अन्य हिमालयी राज्य पर आक्रमण किया। फ़रिश्ता ने इसे गलत तरीके से चीन पर आक्रमण बताया है। बरनी और इब्न बतूता ने चीन पर आक्रमण का कोई उल्लेख नहीं किया है। इस क्षेत्र में सुल्तान की सेना विजयी हुई और स्थानीय शासक ने उसकी अधीनता स्वीकार कर ली थी और कर देने का वादा किया। लेकिन अत्यधिक ठंड के कारण सेना को भारी क्षति का सामना करना पड़ा और इस तरह यह जीत आभासी आपदा में बदल गई और इसे सुल्तान के उलटफेरों में से एक के रूप में घोषित किया गया।

(ई) दक्कन: (1326 ई.)

1326 ई.में सागर के गवर्नर ने दक्कन में विद्रोह कर दिया था। विद्रोह का द्वार जल्द ही एनागोंडी और द्वारसमुद्र तक फैल गया था । तुगलक ने इसका फायदा उठाकर अपनी सीमा को पश्चिमी समुद्री तट और सुदूर दक्षिण तक फैला लिया था । इस प्रकार, द्वारसमुद्र, एनागोंडी और माबार उसके साम्राज्य के प्रांत बन गए। लेकिन क्षेत्र का ये विस्तार सुल्तान और सल्तनत के लिए विनाशकारी साबित हुआ।

चीन के साथ संबंध:

मुहम्मद के कुछ एशियाई देशों, विशेषकर चीन के साथ सौहार्दपूर्ण संबंध थे। चीनी सम्राट तोगान तैमूर ने 1341 ई. में दिल्ली में एक दूत भेजकर हिमालय क्षेत्र में बौद्ध मंदिरों के पुनर्निर्माण के लिए मुहम्मद की अनुमति मांगी। करजाल अभियान के दौरान मुहम्मद के सैनिकों द्वारा इन हिमालयी मंदिरों को ध्वस्त कर दिया था। सुल्तान ने इब्न बतूता को अपने दूत के तौर पर चीन के मंगोल सम्राट के दरबार में भेजा। इब्न बतूता ने अपनी यात्रा ,जुलाई 1342 ई. में शुरुआत की और 1347 ई. में वापस लौटे। मंदिरों के संबंध में मुहम्मद ने उत्तर दिया कि इस्लाम के कानूनों के अनुसार उनके पुनर्निर्माण की अनुमति तब तक नहीं दी जा सकती जब तक कि जजिया का भुगतान नहीं किया जाता।

5

मुहम्मद बिन तुगलक का शासनकाल एवं विद्रोह

मुहम्मद बिन तुगलक का शासनकाल अनेक विद्रोहों का भी काल रहा था। इन्हें दो श्रेणियों में विभाजित किया जा सकता है (क) प्रारंभिक विद्रोह (ख) उत्तरकालीन विद्रोह।

प्रारंभिक विद्रोह:

प्रारंभिक विद्रोह मुहम्मद की घरेलू नीति की विफलता के साथ-साथ कुछ महत्वपूर्ण प्रमुखों की महत्वकांक्षी योजनाओं के कारण हुआ था । पहला विद्रोह बहाउद्दीन गुरशाप का, दूसरा, कोंडाना (पूना के पास आधुनिक सिंहगढ़) के हिंदू प्रमुख का, जिसे पराजित कर जागीरदार बना दिया गया। तीसरा, मुल्तान का बहराम ऐबा जिसने मुल्तान के अलावा उच और सिंध पर भी कब्ज़ा किया। वह भी पराजित हुआ और उसे मौत की सजा दी गई थी ।

उत्तरकालीन विद्रोह

बाद के विद्रोह सुल्तान के दमनकारी नीतियों जैसे बढ़ते कर और दंड के कारण हुए थे। राजधानी हस्तांतरण और मुद्रा की नीति के कारण कुछ अन्य लोगों ने मुहम्मद को अलोकप्रिय बना दिया और महत्वाकांक्षी व्यक्ति को आगे बढ़ने के लिए उकसाया जैसे की मालाबार, दौलताबाद, लाहौर, बंगाल, कारा, बीदर, गुलबर्गा , अवध, मुल्तान, सुनाम और समाना।

विद्रोहों का दमन सुल्तान की सैन्य गतिविधियों की एक अन्य श्रेणी थी। पहला विद्रोह 1326 ई. में हुआ, उनके राज्यारोहण के कुछ ही महीनों बाद और 1351 ई. तक जब एक विद्रोही का पीछा करते हुए सुल्तान की मृत्यु हो गई, तो उसे '22 विद्रोहों' से निपटना पड़ा, इस प्रकार लगभग हर साल विद्रोह होता था, जो मुल्तान से लेकर कई क्षेत्रों में प्रभावित होता था ,जैसे कि उत्तर पश्चिम से पूर्व में बंगाल और दक्षिण में माबार तक। उल्लेखनीय बात यह है कि उत्तर में एक विद्रोह के बाद आम तौर पर दक्षिण में या पूर्व में एक विद्रोह के बाद पश्चिम में दूसरा विद्रोह होता था। इस प्रकार सेना लगातार व्यस्त ही रहती थी ।

संचार के धीमे साधनों के कारण, साम्राज्य के विस्तार में बड़ी कठिनाइयों का सामना करना पड़ा और रास्ते में कठिनाइयों के कारण सुल्तान को असफलता का सामना करना पड़ा। इन विद्रोहों में 1335 ई. में माबार का विद्रोह विशेष महत्व रखता है। इसके पहले हुए सभी 6 विद्रोहों को सुल्तान या उसके अधिकारियों द्वारा दबा दिया गया था। लेकिन माबार के उदय के बाद हुए 16 विद्रोहों में से कई सफल साबित हुए और स्वतंत्र राज्यों की नींव पड़ी। उनमें से अधिकांश का निर्माण विदेशियों द्वारा किया गया था जो सुल्तान की उदारता के कारण उच्च पदों पर आसीन हुए थे। इन विद्रोहों ने सुल्तान और सल्तनत की ताकत को प्रभावित किया और इस प्रकार साम्राज्य का आधा हिस्सा खो दिया था ।

प्रत्येक विद्रोह के कुछ विशेष और तात्कालिक कारण होते थे, लेकिन ये कुछ ऐसे कारक थे जो व्यावहारिक रूप से उन सभी को नियंत्रित करते थे।साम्राज्य विस्तार भारत में अपनी व्यापक सीमा तक पहुँच गया था और संचार के साधन धीमे रहे। इस प्रकार, दूर के प्रांतों को नियंत्रित करना कठिन था ,जिससे महत्वाकांक्षी और अप्रभावित रईसों को अपनी योजनाओं में सफल होने में मदद मिलती थी ।

दूसरा , साम्राज्य का संगठन चरित्र में सामंती था ,जिसमें विघटन के तत्व निहित थे।

तीसरा , जिस प्रशासनिक परिवर्तन के कारण वित्तीय हानि हुई, उसने साम्राज्य की नींव और उसकी लोकप्रियता को हिलाकर रख दिया। सुल्तान ने संदेह के आधार पर कड़ी से कड़ी सज़ा दी ,जिसने असंतोष की आग में घी डालने का काम किया।

चौथा , सुल्तान ने अमीरों के आचरण की अधिक सख्ती से जांच करने की कोशिश की और अमीरों की शक्तियों की बराबरी करने के लिए विदेशी अमीरों को प्राथमिकता दी। वे दोनों समूहों के बीच आपसी संघर्ष और उनके बीच असंतोष

में शामिल हो गए। इससे विद्रोह का स्तर बढ़ गया, जिससे सुल्तान के लिए कठिनाइयाँ पैदा हो गईं।

पाँचवा, दक्कन ने अपनी स्वतंत्रता के लिए एक संगठित प्रयास किया और सुल्तान की अन्य समस्याओं में व्यस्तता के कारण प्रारंभिक सफलता प्राप्त की।

अंत में, सुल्तान ने विद्रोह के कारणों पर ठंडे दिमाग से विचार नहीं किया और अपने घमंड के कारण वह फिलहाल सुलह के उपाय करने में विफल रहा।

बहाउद्दीन गुर्शप का विद्रोह: (1326 ई.)

पहला विद्रोह 1326 ई.में हुआ था। ग्यासुद्दीन की बहन के बेटे ,बहाउद्दीन को सागर में तैनात किया गया था। उन्होंने "अरिज-ए-मुमालिक' का पद संभाला और पूर्व में समाना के गवर्नर के रूप में कार्य किया, जो दर्शाता है कि वह एक सक्षम सेनापती था । संभवतः, वह तेलंगाना अभियान के दौरान दक्षिण गए और स्थायी रूप से वहीं तैनात हो गए। ग्यासुद्दीन की मृत्यु ने बाहुद्दीन को उकसाया और दक्कन में तैनात कुछ सरदारों की सहायता से स्वतंत्र राज्य स्थापित करने का प्रयास किया।

सुल्तान ने गुजरात के ख्वाजा जहाँ को एक सेना के साथ आगे बढ़ने के लिए नियुक्त किया और जल्द ही खुद भी उसके पीछे हो लिया। ख्वाजा ने गुरशाप को पराजित किया , जो कंपिला के राजा के पास शरण लेने के लिए भाग गया था। कंपिला के राजा ने कई युद्ध किए लेकिन वह स्वयं हार गया, उसके परिवार के सदस्यों को मार डाला गया या खुद को जिंदा जला दिया गया, जबकि कुछ को बंदी बना लिया गया। लेकिन वह बहाउद्दीन को वीर बल्लाल के पास भेजने में कामयाब रहे और उन्हें इस मुद्दे को उठाने के लिए प्रोत्साहित किया। इस बीच सुल्तान देवगिरि पहुंच गया और वीर बल्लाल ने बहाउद्दीन को ख्वाजा जहां को सौंपकर अपनी वफादारी दिखाई। बहाउद्दीन को जिंदा मार दिया गया और उसकी खाल में भूसा भरकर साम्राज्य में चारों ओर भेज दिया गया। चावल के साथ पकाया गया उनका मांस लोगों के पास भेजा जाता था। इस प्रकार, उनकी लाश को पूरी तरह से अपमानित किया गया और उनकी लाश को बिल्लियों और कुत्तों को खिला दिया गया। सुल्तान ने सोचा कि यह दूसरों के लिए निवारक के रूप में काम करेगा, लेकिन उसकी उम्मीदें पूरी नहीं हुईं ।

किश्लू खान का विद्रोह: (1328 ई.)

मुल्तान के गवर्नर किशलू खान ने उस समय विद्रोह कर दिया था ,जब सुल्तान नई राजधानी देवगिरी, जिसका नाम बदलकर दौलताबाद रखा गया था,में था। इस दुखद घटना के कारण के दो संस्करण बताये गए हैं। इब्न बतूता के अनुसार,

जब गुरशाप का शव मुल्तान पहुंचा तो किश्लू ने उसे इस्लामी रीति-रिवाजों के अनुसार दफनाया, जिसके कारण सुल्तान को उसे अदालत में बुलाना पड़ा। किश्लू खान ने विनम्र अधीनता के स्थान पर सुल्तान के अधिकार की खुली अवज्ञा को प्राथमिकता दी। दूसरी ओर, याह्या ने इस संबंध में गुरशाप का कोई संदर्भ नहीं दिया है। उनका कहना है कि सुल्तान ने दौलताबाद में घर बनाने और परिवार के कुछ सदस्यों को वहां रहने के लिए भेजने के लिए रईसों को एक पत्र भेजा था, बहराम ऐबा किशलू खान ने उस आदेश की अवहेलना की जिसके लिए सुल्तान ने अली खताती को भेजा था। दोनों के बीच बातचीत हुई जिसने दुखद मोड़ ले लिया। खताती की मृत्यु उसके और किश्लू खान के दामाद लौला के बीच हुए विवाद का कारण बना । किश्लू खान को विद्रोह के परिणाम या हानि की आशंका थी।

सुल्तान तेजी से दिल्ली पहुंचा, एक सेना एकत्र की और मुल्तान की ओर रवाना हुआ। यह देखते हुए कि किशलू की सेना की संख्या उससे अधिक है, उसने अपने व्यक्तिगत आदेश के तहत 400 की एक दल को भेजा। किशलू खान ने हिंसक संघर्ष किया और उसे लगा कि वह जीत गया है। लेकिन मुहम्मद के खिलाफ एक दल को भेजा गया और किश्लू खान मारा गया। सुल्तान ने शेख रुख-उद-दीन के हस्तक्षेप के लिए मुल्तान के लोगों के सामूहिक नरसंहार का आदेश दिया, केवल सक्रिय भाग लेने वालों का नरसंहार किया गया। किशलू का सिर उस घर के गेट पर लटका दिया गया, जिसे सुल्तान ने खड़ा किया था। इब्न बतूता का कहना है कि जब वह भारत वापस आये तो उन्होंने पाया कि सिर अभी भी अपनी जगह पर ही लटका हुआ है।

ग्यासुद्दीन बहादुर का उदय: (1330 ई.)

अगला महत्वपूर्ण विद्रोह बंगाल में हुआ था । ग्यासुद्दीन बहादुर को इस शर्त पर सोनारगांव का गवर्नर नियुक्त किया गया कि वह अपने बेटे को बंधक के रूप में दिल्ली भेज देगा। बंगाल पहुँचकर वह अपना वादा भूल गया। मामले को टालते हुए और अपनी शक्ति को स्थिर समझकर सुल्तान का नाम 'सिक्का' और 'खुतबा' पर अंकित करवाया गया और अपनी स्वतंत्रता की घोषणा कर दी। उसके विरुद्ध एक सेना भेजी गई थी । ग्यासुद्दीन पराजित हुआ था और मारा गया था । उनके शरीर की खाल उतारकर और भूसे से भरकर उसे दूसरों के लिए एक उदाहरण के रूप में साम्राज्य के चारों ओर भेजा गया था।

सिंध में विद्रोह:

सिंध में अशांति का माहौल था । सबसे पहले 1328 ई. में 'काजी' और कमालपुर के 'खतीब' द्वारा आयोजित साजिश के कारण विद्रोह हुआ था। उन्हें

पकड़ लिया गया। अगला उपद्रव 1333 ई.में सहवान में हुआ। प्रभारी अधिकारी, रत्ना एक हिंदू को 'अजीम-उस-सिंध' का सम्मान प्राप्त हुआ था। कुछ मुसलमान उनसे ईर्ष्या करते थे। एक दिन उन्होंने चोर-चोर चिल्लाकर शोर मचा दिया। रत्न यह देखने के लिए बाहर आई कि यह सब क्या है। षडयंत्रकारियों ने उसे घेर कर मार डाला।जब सुल्तान को यह पता चला तो उसने दोषियों को कड़ी सजा देने के लिए सिंध के गवर्नर इमाद-उल-मुल्क को भेजा। सभी मुख्य षडयंत्रकारियों को पकड़ लिया गया और उन्हें जीवित छोड़ दिया गया। खोपड़ी को भूसे से भरकर किले के द्वार और प्राचीर से नीचे लटका दिया गया था। इब्न बतूता का कहना है कि जब उसने रात के समय उन्हें हवा में लटकते देखा तो उन्हें भूत-प्रेत समझकर बहुत डर गया था ।

माबार का विद्रोह (1335 ई.):

अगला गंभीर विद्रोह सुदूर दक्षिण में हुआ। 'जलाल-उद-दीन अहसन शाह' की शैली के तहत स्थानीय गवर्नर ने स्वतंत्रता ग्रहण की। उसने अपने नाम से सिक्के जारी किये थे । जब 1335 ई. में सुल्तान को खबर मिली तो वह दोआब में अकाल से लड़ने में व्यस्त था, लेकिन जब वह वारंगल पहुंचा तो वहां महामारी (हैजा) फैल गई और सुल्तान के साथ आए अमीरों और सैनिकों की भारी संख्या में मौत हो गई। हजारों लोगों की जान चली गई और सेना में सामान्य दहशत फैल गई। सुल्तान स्वयं बीमार पड़ गया, इसलिए देवगिरि वापस लौटने का निर्णय लिया गया। इससे माबार की स्वतंत्रता सुनिश्चित हो गई। इस प्रकार सल्तनत के विघटन की शुरुआत हुई।

मेहदी हुसैन के अनुसार 1335 ई. में माबार के जलाल-उद-दीन अहसान के विद्रोह का दो गुना महत्व था:

(ए) यह विद्रोह की श्रृंखला में से पहला था जिसे मुहम्मद दबाने में असफल रहा था ।

(बी) शाही सेना ने अपने सैनिकों के विद्रोही आचरण के साथ-साथ अमीरान-ए-सदा की बढ़ती दुश्मनी को भी प्रतिबिंबित किया था। अभियान की विफलता ने उन्हें प्रोत्साहित किया, क्योंकि परिणामस्वरूप उन सभी को एक ही भाग्य का सामना करना पड़ा, शतपति पहले से कहीं अधिक अप्रभावित हो गए और अपनी सुरक्षा के लिए योजना बनाना शुरू कर दिया था ।

विद्रोह की शुरुआत:

कुतुलघ की बर्खास्तगी से लोगों में असंतोष फैल गया क्योंकि नए अधिकारियों की गंभीरता ने उन सभी को और अधिक असंतुष्ट बना दिया। सूबेदारों के सहयोग

की कमी के कारण राजस्व संग्रहण कठिन हो गया और राज्य के राजस्व में कोई सुधार नहीं हुआ। मालवा की अशांत स्थिति के कारण राजस्व सुरक्षित रूप से दिल्ली नहीं ले जाया जा सका। इस प्रकार, सुल्तान ने दौलताबाद के निकट धरागढ़ में राजस्व एकत्र करने का आदेश दिया। मलिक मकबूल ने तभी गुजरात के खजाने को दिल्ली तक ले जाने के लिए शुरुआत की, लेकिन एक रात सूबेदारों ने उसे आश्चर्यचकित कर दिया और सभी खजाने और कई अच्छे घोड़ों पर कब्जा कर लिया। उन्होंने इस धन का उपयोग सेना एकत्र करने में किया और खुला विद्रोह कर दिया। उन्हें दबाने का श्रेय हासिल करने के लिए अजीज खुम्मार ने उनके खिलाफ खोल दिया । लेकिन अज़ीज़ हार गया और उसे शर्मनाक मौत का सामना करना पड़ा। इससे मालवा में गंभीर अव्यवस्थाएं फैल गईं और विद्रोहियों की ताकत और संख्या बढ़ गई। मलिक मकबूल ने अन्हिलवाड़ा के किले में कम समय में ही अधिक से अधिक सम्पत्ति खरीद ली, परन्तु उसके मन में राज्य के प्रति वफादारी की कोई भावना नहीं थी।

मालवा, गुजरात, देवगिरि और बीदर के सबसे सक्षम अधिकारियों ने मिलकर सामान्य नियंत्रण के तहत एक प्रान्त का गठन किया, जिसका मुख्यालय दौलताबाद में था। 1341-45 ई. के बीच सुल्तान को के शतपति बेईमान, लालची, अवज्ञाकारी और धन के गबन की शिकायत मिली। फिर उसने कुतुलुघ को खलीफा से अलंकरण का पत्र दिखाने के बहाने बुलाया और गुजरात के गवर्नर निज़ामुद्दीन को मालवा, गुजरात और बीदर के नए गवर्नर नियुक्त करने के लिए दौलताबाद के गवर्नर के रूप में कार्य करने का निर्देश दिया। उन्हें सभी विरोधों को दूर करने और सख्ती से राजस्व एकत्र करने का निर्देश दिया गया। इनमें से एक अजीज खुम्मा जो मालवा का गवर्नर था, जिसे विशेष रूप से बाकी शतपति को पदच्युत करने के लिए नियुक्त किया गया था। उसने एक दिन उनमें से 89 को बुलाया और कड़ी फटकार लगाई, लेकिन बाद में उसने उन्हें शराब की दावत दी। शराब के नशे में वे सो गए, समाचार से प्रसन्न होकर अजीज ने इस विद्रोह का फायदा उठाया, लेकिन लोगों के सभी वर्गों ने व्यावहारिक रूप से इसकी निंदा की। इस अफवाह से सूबेदार और हिंदू सरदार भी शाही जुए को उखाड़ फेंकने के लिए चिंतित हो गए।

अन्य विद्रोह :

माबार के उत्थान से विभिन्न स्थानों पर तीन अन्य विद्रोह हुए। दौलताबाद के गवर्नर हुशांग को रिपोर्ट मिली कि वारंगल की महामारी ने सुल्तान को मार डाला है इसलिए उसने स्वतंत्रता की घोषणा कर दी। जब हुशांग को सही खबर मिली तो वह उड़कर एक हिंदू राजा के पास गया जिसने उसे सुल्तान के हवाले कर दिया।

हुशांग को सुल्तान के पक्ष में होने के कारण माफ़ कर दिया गया था लेकिन अब दौलताबाद को कुतलुग खान को सौंपा गया था।

ठीक इसी समय हुलाजुन मंगोल और गुलचंद्र खोखन ने लाहौर में विद्रोह का स्तर बढ़ा दिया क्योंकि उन्हें सुल्तान की कोई खबर नहीं मिल रही थी। उन्होंने स्थानीय गवर्नर को मार डाला, लेकिन ख्वाजा जहाँ ने तुरंत विद्रोह को दबा दिया।

अहसान शाह के बेटे सैय्यद इब्राहिम को भी सुल्तान की मौत की झूठी खबर मिली, जिसके बाद उसने दिल्ली जाते समय सिंध का खजाना जब्त कर लिया और इस तरह विद्रोह का झंडा बुलंद कर दिया। सुल्तान उसके अपराध को नज़रअंदाज़ करना चाहता था लेकिन उसने इतना अविवेकपूर्ण व्यवहार किया कि उसे फाँसी दे दी गई।

बंगाल में विद्रोह: (1337 ई.)

ग्यासुद्दीन बहादुर की मृत्यु के बाद बहराम खान ,सोनारगाँव के शासक के रूप में सफल हुआ था । उनकी मृत्यु के बाद उनके कवच वाहक (सिलहदार) ने 'फखर-उद-दीन मुबारक शाह' की शैली अपनाते हुए सिंहासन पर कब्जा कर लिया और अपने नाम से सिक्के जारी किए। ऐसा 1337 ई. में कभी-कभी हुआ था। लखनौती के गवर्नर कदर खान ने उसके खिलाफ लड़ते हुए अपनी जान गंवा दी, जिससे बाद का अधिकार लखनौती और सतगांव पर भी बढ़ गया, साथ ही सुल्तान दोआब में अकाल और राहत उपायों में व्यस्त होने के कारण हस्तक्षेप करना असंभव हो गया। बंगाल कुछ समय बाद लखनौती ने फखर-उद-दीन का जुआ उतार दिया और 'शम्सुद्दीन-इलियास शाह' से स्वतंत्र हो गए। इस प्रकार बंगाल में दो स्वतंत्र शासक थे। दोनों शासकों में वर्चस्व की लड़ाई होने लगी लेकिन राज्य के अन्य मामलों में शामिल होने के कारण मुहम्मद को इस लाभ से लाभ नहीं मिल सका। नतीजा यह हुआ कि बंगाल हमेशा के लिए साम्राज्य से अलग हो गया।

मालगुज़ारी के किसानों का विद्रोह:

इस समय से सुल्तान की आर्थिक कठिनाइयाँ कई गुना बढ़ गईं। फिर, उन्होंने बड़े वार्षिक राजस्व का वादा करने वाले प्रांतों के राज्यपालों को नियुक्त करने की नीति शुरू की। लेकिन दुर्भाग्य के रूप में वे निर्धारित राशि भी एकत्र करने में असफल रहे और विद्रोह कर दिया, इससे सुल्तान की मुश्किलें और बढ़ गईं।

1335 ई. में वारंगल से लौटने पर, सुल्तान ने कई नई नियुक्तियां कीं, उसी समय नुसरत खान ने बीदर की सरकार को सुल्तान को एक करोड़ टंका देने का वादा किया। जल्द ही उन्हें वादा की गई राशि जुटाने की असमर्थता का एहसास हुआ। उसने सोचा कि सुल्तान उसे इसके लिए दंडित करेगा। इस प्रकार 1337 ई.

में वह एक विद्रोही बन गया। उसे पकड़ लिया गया और दिल्ली भेज दिया गया। इसी तरह, कारा के गवर्नर निज़ाम ने भी 1337 ई.में विद्रोह किया, लेकिन आसानी से उन पर काबू पा लिया गया।

1339-40 ई. में अली शाह ने गुलबर्गा में विद्रोह कर दिया। वह हार गया और गजनी को निर्वासित कर दिया गया।शाह अफ़गान एक अन्य विद्रोही था जिसने मुल्तान के शासक को मार डाला और मुल्तान पर कब्ज़ा कर लिया, मुहम्मद स्वयं उसे दंडित करने के लिए आगे बढ़े लेकिन शाह पहाड़ियों की ओर भाग गया था ।

इन सभी विद्रोहों के कारण स्वतंत्र राज्यों की स्थापना हुई थी ।

दक्कन नीति:

दक्षिण में कई विद्रोह हुए थे जो दक्कन की राजनीति से उत्पन्न समस्याओं से प्रेरित थे। कुछ विद्रोह सुल्तान के वित्तीय सुधारों के कारण हुए। मुहम्मद बिन तुगलक के राज्यारोहण के समय तक देवगिरि और वारंगल को सीधे सुल्तान के शासन के अधीन कर दिया गया था। प्रिंस जौना ने विद्रोही प्रांतों को तबाह कर दिया लेकिन वारंगल की घेराबंदी बहुत बड़ी चुनौती थी। प्रताप रुद्र देव ने उन्हें सुंदर उपहार और समृद्ध वार्षिक पेशगी की पेशकश की, लेकिन उन्होंने इसे अस्वीकार कर दिया और इसे नियंत्रण में ले लिया क्योंकि यह परेशानी का स्रोत बन सकता था। वारंगल पर कब्ज़ा कर लिया गया और इसका नाम बदलकर 'सुल्तानपुर' कर दिया गया, रुद्र देव के शाही परिवार को दिल्ली और तेलंगाना भेज दिया गया। एक मुस्लिम अधिकारी के अधीन इस क्षेत्र कई जिलों में विभाजित कर दिया गया था । वापस जाते समय उसने जाजनगर और बीदर के राजाओं को भी हराया। इस प्रकार राज्यपालों ने स्थानीय हिंदू राजाओं से संपर्क स्थापित करने का प्रयास किया। दक्कन की स्थिति उत्तर की तुलना में कहीं अधिक जटिल थी।

दक्षिण में विद्रोह के कारण:

जिलों के राज्यपालों ने स्थानीय हिंदू राजाओं से संपर्क स्थापित किया।सुल्तान के विरुद्ध 50,000 की सेना पर कब्ज़ा करने की नीति बनाई गयी थी । सुल्तान तेजी से कनौज की ओर बढ़ा और स्थानीय अधिकारियों को अपनी टुकड़ियों के साथ अपने साथ शामिल होने के लिए बुलाया। दोनों सेनाएं कनौज के पास एक-दूसरे से मिलीं और ऐन-उल-मुल्क हार गया और उस पर कब्जा कर लिया गया। उन्हें फटे हुए कपड़ों में दर्शक कक्ष में लाया गया और अभद्र भीड़ द्वारा उनका अपमान किया गया। उसे अपमानित किया गया और सुल्तान ने उसे जेल में डालकर और फाँसी देकर उदारता दिखाई। थोड़े समय के कारावास के बाद उन्हें माफ कर दिया गया और रिहा कर दिया गया।

शतपतियों के विद्रोह के कारण:

ऐन-उल-मुल्क के विद्रोह ने दक्कन की अधीनता में बाधा उत्पन्न की। शांति बहाल करने के लिए सुल्तान तीन साल तक दिल्ली में रहा। इसी बीच उन्हें सूबेदारों की देशद्रोही गतिविधियों के बारे में पता चला। शतपति विदेशी आमीर थे और सभी अलग-अलग देशों के थे। इनमें मंगोल, अफगान और तुर्क जैसी विभिन्न नस्लों के लोग शामिल थे। कुछ देशी मुसलमानों और राजपूतों ने भी उनका साथ दिया। वे आम तौर पर 100 सैनिकों की कमान थे जिनके पास 100 गांवों से कर इकट्ठा करने की शक्ति थी। वे साहसी, युद्धप्रिय और संग्रह करने के लिए उत्सुक लोग थे।

ऐन-उल-मुल्क का विद्रोह: (1340-1341 ई.)

सुल्तान दक्कन के मामलों से बिल्कुल संतुष्ट नहीं था। कुतुलुग खान के स्थान पर ऐन-उल-मुल्क को नियुक्त किया गया। बरनी ने कुतुलुग खान के प्रशासन की अत्यधिक कुशल और परोपकारी राज्य के रूप में प्रशंसा की है लेकिन उन्होंने यह उल्लेख नहीं किया है कि इसका अधीनस्थ अधिकारियों पर क्या प्रभाव पड़ा। कुल मिलाकर लोग खुश थे क्योंकि स्थानीय अधिकारी दमनकारी नहीं थे। कर भारी नहीं थे और दण्ड व्यवस्था भी कठोर नहीं था ।

लेकिन उनकी परोपकारिता के कारण दुर्भाग्यपूर्ण विकास हुआ। स्थानीय अधिकारियों ने वसूली का कोई ब्योरा नहीं दिया और धन का गबन किया गया था । कुतुलुग की इस नीति से सुल्तान को छोड़कर सभी को लाभ हुआ। ऐन-उल-मुल्क मुल्तानी, अवध का गवर्नर, एक योग्य और अनुभवी अधिकारी और उससे भी बढ़कर सुल्तान का एक अच्छा दोस्त था । दक्कन का प्रभार उसी के अधिकार में था। जब मुल्तानी को आदेश मिला तो उसने विद्रोह का स्तर बढ़ा दिया। यह पूरी तरह से गलतफहमी के कारण था।' ऐन-उल-मुल्क के भाइयों ने सोचा कि सुल्तान उसे दक्कन भेजकर दंडित करना चाहता है। जब विद्रोह की खबर सुल्तान तक पहुंची तो वह व्यथित हो गया।

ऐन-उल-मुल्क खुले तौर पर अपने रास्ते पर था, उसने सुल्तान की शैली अपनाई और अपनी स्वतंत्रता की घोषणा की। मुबारक शाह ने दक्षिण के अधिक से अधिक क्षेत्रों को दिल्ली के सुल्तान के सीधे शासन के अधीन कर दिया था। लेकिन हिंदू राजा और उनके सरदार दिल से दब्बू बने रहे। स्थानीय राज्यपालों द्वारा धार्मिक उत्पीड़न ने हिंदू असंतोष की आग को भड़का दिया और बदला लेने की योजना बनाई। दिल्ली दक्षिण से इतनी दूर थी कि सुल्तान इस पर नियंत्रण नहीं रख सका। इस प्रकार उसे स्थानीय गवर्नरों को कार्रवाई की पर्याप्त स्वतंत्रता

देनी पड़ी।

प्रत्येक तुर्की, रईस एक स्वतंत्र साम्राज्य स्थापित करने की इच्छा रखता था और शाही परिवार में उसकी कोई वफादारी नहीं थी और राजवंश बार-बार बदलते थे और कुलीनों का एक नया वर्ग उभरता गया था, इस प्रकार उनकी वफादारी उनके स्वार्थ से नियंत्रित होती थी। प्रत्येक सक्षम गवर्नर ने जोर देने की कोशिश की उनकी स्वतंत्रता उत्तर से बहुत दूर थी। स्थानीय हिंदू आबादी हमेशा इन विद्रोहियों के पक्ष में रहती थी क्योंकि उन्हें सुल्तान की कमजोरी से लाभ होने की उम्मीद थी। इस प्रकार विद्रोही उन पर विजय प्राप्त करना चाहते थे।

दक्कन के हिंदुओं को कभी भी किसी प्रकार के सैन्य और राजनीतिक दबाव का सामना नहीं करना पड़ा जैसा कि उत्तर में राजपूतों को करना पड़ा था । यही कारण है कि वे तुर्कों के खिलाफ जवाबी हमला करने में सक्षम थे। हालाँकि दक्कन के विद्रोह तीन प्रमुख कारणों से हुए: (1) दक्कन को हाल ही में जीत लिया गया था (2) दक्कन में तैनात अमीरों को सुल्तान के सख्त नियंत्रण से अपेक्षाकृत मुक्त होने के कारण स्वतंत्रता की आकांक्षा करने की स्वाभाविक प्रवृत्ति थी (3)) हिंदू राजा अपने परिवार और आस्था के अपमान को नहीं भूले थे और हमेशा अपनी स्वतंत्रता हासिल करने के लिए तत्पर रहते थे।

एक बार सीधे विलय की नीति अपनाने के बाद, सुल्तान के रूप में मुहम्मद तुगलक के पास भी इसे बड़े जोश के साथ अपनाने के अलावा कोई विकल्प नहीं था।

दक्कन के प्रति मुहम्मद तुगलक की नीति के दो चरण थे: (1) 1325 ई. -1335 ई. (2) 1335 ई. -1351 ई.

1) 1325 ई. – 1335 ई. :

बरनी ने इन वर्षों के दौरान सुल्तान द्वारा साम्राज्य के कुशल प्रशासन की गवाही दी है जिसका नियंत्रण तेलंगाना, कंपिल, माबार और द्वारसमुद्र के दूरस्थ प्रांतों में समान रूप से प्रभावी था।

मुहम्मद तुगलक ने मुख्य रूप से हिंदू साम्राज्य में मुस्लिम आबादी की कमी को हिंदू अवज्ञा का प्राथमिक कारण माना। इसके अलावा, आसपास के क्षेत्र में तैनात किसी भी शाही सेना की अनुपस्थिति में, दक्कन में सबसे छोटे प्रकोप के लिए एक सक्षम सेनापती या स्वयं सुल्तान की उपस्थिति की आवश्यकता होती थी।

मुहम्मद तुगलक, अपने पूर्ववर्तियों के विपरीत, मुसलमानों को बड़ी संख्या में दक्कन ले जाने के लिए प्रतिबद्ध था। जो मुस्लिम उपनिवेश स्थापित कर सके

और इस तरह दक्कन में हिंदू प्रभुत्व को बेअसर कर सके। बहाउद्दीन गुर्शप के विद्रोह के बाद, सुल्तान को उत्तर में राज्यपाल के पद होने की असुविधा का एहसास हुआ। इसलिए उन्होंने राजधानी को दिल्ली से देवगिरी में स्थानांतरित करने का आदेश दिया जिसका नाम बदलकर दौलताबाद रखा गया। उत्तर में प्रशासनिक कठिनाइयों और विद्रोहों ने उन्हें दौलताबाद में कई वर्षों तक रहने की अनुमति नहीं दी।

यदि मुहम्मद ने दक्षिण में धीरे-धीरे घुसपैठ की अनुमति दी होती, तो नागरिक आबादी का एक बड़ा वर्ग, अर्थात् व्यापारी और व्यापारी मिलकर उन देशों का अनुसरण करते और मुस्लिम प्रत्यारोपण पूरा हो गया होता। दक्कन में सत्ता के इस एकीकरण से राजकोष को नुकसान हुआ। इसके बजाय उनकी प्रतिष्ठा कम हो गई और सौदेबाजी में उनके वित्त को भारी नुकसान हुआ। इसीलिए 1335 ई.में माबार की हार के बाद उसने उत्तर से आए बाशिंदों को दौलताबाद से घर लौटने की इजाजत दे दी।

दूसरी ओर, राजधानी की दिल्ली में वापसी न केवल शाही विफलता की स्वीकृति थी, बल्कि इसने दक्कन में मुस्लिम संस्कृति और जनसंख्या की वृद्धि को झटका दिया।

जहां तक हिंदू सरदारों की बात है, इसे मुस्लिम साम्राज्यवाद के खिलाफ दैवीय विधान का संकेत माना गया और हिंदू पुनरुत्थान की शुरुआत की गई।

उपरोक्त के अतिरिक्त, तुगलक ने निम्नलिखित उपाय किये:

(ए) उन्होंने देवगिरी के पूरे क्षेत्र को कई अमीरों के बीच जागीर के रूप में बांट दिया, जो मूल रूप से विदेशी थे और उन्हें 'अमीर-ए-सदा' कहा जाता था।

(बी) मालवा के शासक को हटा दिया गया और जलाल-उद-दीन अहसन को माबार का सरदार नियुक्त किया गया।

(सी) देवगिरि के पूर्वी हिस्से में नुसरत खान के अधीन बेदार को राजधानी बनाकर एक नया प्रांत स्थापित किया गया।

(डी) गुलबर्गा को अली शाह के अधीन रखा गया था।

मुस्लिम राज्यपालों को शाही सत्ता के प्रतिनिधियों के रूप में नियुक्त करके ,मुहम्मद तुगलक ने हिंदू सरदारों पर लगाम लगाने की योजना बनाई, हालांकि मुहम्मद यह कल्पना करने में असफल रहे कि मुस्लिम सरदार, हिंदू सरदारों के समान ही सक्षम और महत्वाकांक्षी थे, जब एक बार उन्हें केंद्र से रणनीतिक रूप से दूर स्थित समृद्ध क्षेत्रों का राज्यपाल नियुक्त किया गया, तो वे स्वयं स्वतंत्रता की घोषणा कर देते ।

गुरशाप के विद्रोह को दबाने के क्रम में, सुल्तान ने क्षेत्र का विस्तार भी किया। इससे साम्राज्य की सीमा दक्षिण और दक्षिण पश्चिम तक और बढ़ गयी। सुल्तान की भव्यता की कहानियों ने मध्य एशिया से कई महत्वाकांक्षी लोगों को भारत की ओर आकर्षित किया था। सुल्तान ने उन्हें अपनी सेना में भर्ती किया या नागरिक प्रशासन में नियुक्तियाँ दीं।

उन्हें आम तौर पर शतपति कहा जाता है। इस प्रकार सेंचुरियन एक विदेशी 'आमीर' का पर्याय बन गया। सुल्तान ने इनमें से अधिकांश विदेशी आमीरों को मालवा, गुजरात और दक्कन में नियुक्त किया था। देशी सरदार उनसे अत्यधिक ईर्ष्या करते थे और उन्हें पदच्युत या उपेक्षित देखने के लिए उत्सुक रहते थे। इससे शतपतियों की एक दल का गठन हुआ जिसने ईर्ष्यापूर्वक अपने सदस्यों के हितों की रक्षा की। इससे दक्कन की विचलित राजनीति में एक और समस्या जुड़ गई थी ।

जलालुद्दीन अहसन शाह के विद्रोह के कारण सुल्तान की शक्ति काफी स्थिर थी और कोई भी तुर्की सरदार या हिंदू राजा या सूबेदार खुले तौर पर सुल्तान के अधिकार की अवहेलना करने का दोषी नहीं था। लेकिन अहसान शाह के सफल विद्रोह ने दूसरों में विश्वास जगाया और असंतोष के सुलगते अंगारे विद्रोह की ऐसी हिंसक लपटों में बदल गए कि उन्होंने सुल्तान के दक्कन साम्राज्य को मात्र खंडहर में बदल दिया,गुजरात, सिंध और मालवा में भी आग लग गई और सुल्तान को अपनी जान गंवानी पड़ी। सुविधा की दृष्टि से दक्षिण के विद्रोहों के अध्ययन को दो समूहों में विभाजित किया जा सकता है, अर्थात् (1) हिंदू जवाबी आक्रमण और (2) मुस्लिम सरदारों के विद्रोह।

(2) 1335 ई. – 1351 ई. :

उत्तरी आक्रमण के मद्देनजर, हिंदू सरदारों और मुस्लिम राज्यपालों ने भी विद्रोह के झंडे उठाए।

हिंदू प्रभुत्व का उदय - विजयनगर की स्थापना (1336 ई.):

माबार की स्वतंत्रता की नींव के साथ हिंदू जवाबी आक्रमण का समन्वय हुआ था । कंपिला, के प्रताप रुद्र की हार के समय, हरिहर और बुक्का, जो रुद्र देव से संबंधित थे, को पकड़ लिया गया और दिल्ली भेज दिया गया और जबरन इस्लाम स्वीकार करने के लिए मजबूर किया गया था । लेकिन क्या उन्होंने उस क्षेत्र के हिंदू होने के नाते अपने पूर्वजों के धर्म में विश्वास कभी नहीं खोया था, इसलिए उन्होंने जवाबी हमला शुरू कर दिया, जिसे रोकना असंभव था। सुल्तान ने विद्रोह को दबाने के लिए हरिहर और बुक्का की सेवाओं का उपयोग करने के विषय में

सोचा। उसने सोचा कि वह उस क्षेत्र में हरिहर और बुक्का के प्रभाव के कारण सफल होगा और वो उनके प्रति वफादार रहेंगे । हरिहर को कार्यकारी प्रमुख के रूप में कार्य करना था जबकि बुक्का को उनके मंत्री के रूप में कार्य करना था। जब हरिहर की नियुक्ति की खबर दक्कन तक पहुंची, तो विद्रोही खुशी से झूम उठे क्योंकि उन्होंने इसे उस विदेशी पर अपनी जीत माना, जिसे उनके सामने मैदान में उतरने के लिए मजबूर किया गया था। हरिहर ने सुल्तान से वादा किया कि वह जागीरदार के रूप में कार्य करेगा। मुहम्मद यह समझ रहा था अगर स्थानीय लोगों को इसकी जानकारी हो जाती है तो वहां शांति बहाल करना मुश्किल हो जाता और, यदि उन्होंने स्वतंत्रता की घोषणा की तो उन्हें दोहरे खतरे का सामना करना पड़ेगा। एक ओर, इससे उन्हें सुल्तान को क्रोध का सामना करना पड़ता, जिसने उसके खिलाफ अपनी सेना का नेतृत्व किया होता, और दूसरी ओर, माबार और द्वारसमुद्र के शासक भी उस पर दण्डमुक्त होकर हमला कर सकते थे क्योंकि उस समय उनकी शक्ति काफी कमजोर थी।

इसलिए उन्होंने बड़ी चतुराई और बुद्धिमत्ता से काम लिया। स्थानीय आबादी का विश्वास और समर्थन जीतने के लिए उन्होंने हिंदू आस्था के प्रति अपनी प्रतिबद्धता जताई और स्थानीय हिंदू संत, माधव विद्यारण्य के शिष्य बन गए। उसने एक स्वतंत्र राजकुमार की तरह व्यवहार किया और यह दिखाने की कोशिश की कि वह सुल्तान के खिलाफ अनावश्यक लड़ाई में शामिल नहीं हो और किसी भी तरह से उसकी शक्ति से नहीं डरे । उन्होंने सुल्तान से नजदिकी बनाई रखी। वीर बल्लाल और जलालुद्दीन अहसन शाह ने उसे अपने साथ जोड़ने से परहेज किया क्योंकि उन्हें संदेह था कि वह सुल्तान का जागीरदार है ,जो आसानी से अन्य राज्यपालों से सहायता प्राप्त कर सकता है। इससे हरिहर को अपेक्षाकृत शांति मिली। उन्होंने सरकार को सुदृढ़ स्तर पर संगठित किया, करों की वसूली के लिए उचित व्यवस्था की, संत 'विद्यारण्य' के सम्मान में विद्यानगर को नियुक्त किया। लेकिन बाद में इसे बदलकर विजयनगर कर दिया गया। हरिहर ने कुशल आधार पर अपनी सेना स्थापित की जिससे उसका अधिकार स्थिर और विस्तारित हुआ और चार या पाँच वर्षों के भीतर कोंकण और मालाबार और तुंगभद्रा बेसिन का एक हिस्सा उसके नियंत्रण में आ गया। उन्हें विजयनगर के स्वतंत्र साम्राज्य का पहला शासक माना जाता है, जिसने अपने उत्तराधिकारियों के अधीन बहुत ही कम समय में प्रसिद्धि और ताकत हासिल कर ली।

वीर बल्लाल III और मदुरा के सुल्तान:

दक्षिण का एक अन्य हिंदू नेता वीर बल्लाल तृतीय था। वह 1292 ई.में सिंहासन पर बैठा था और उस समय से उसने दक्कन पर तुर्की के आक्रमण को देखा था। वह एक बहादुर, ऊर्जावान और युद्धप्रिय राजकुमार, बड़ी महत्वाकांक्षा से भरा हुआ था लेकिन काफूर, खुर्सरो और मुहम्मद बिन तुगलक के खिलाफ अपनी पकड़ नहीं बना सका। उसने दिल्ली के सुल्तानों को संतुष्ट रखा क्योंकि इससे सुदूर दक्षिण में शक्ति प्राप्त करने का अवसर मिलेगा। लगातार दबाव में उसे अपने क्षेत्र का उत्तरी भाग देने के लिए मजबूर होना पड़ा। उसने दक्षिण की ओर कब्ज़ा और घुसपैठ करके इस नुकसान की भरपाई करने की कोशिश की। यह वही समय था ,जब माबार का स्वतंत्र राज्य अस्तित्व में आया। इससे बल्लाल को प्रसिद्धि और गौरव प्राप्त करने का एक नया अवसर मिला। वह मदुरा में पुनः हिन्दू शासन स्थापित करना चाहता था। इसलिए उसने मदुरा के सुल्तानों के खिलाफ लगातार युद्ध छेड़ दिया और उनके कुछ क्षेत्र पर कब्जा कर लिया। लेकिन 1342 ई. में उसे अपने घमंड और ग़लत उदारता के कारण अपमानजनक मृत्यु का सामना करना पड़ा। सुल्तान गियासुद्दीन दमगन शाह के शासनकाल के दौरान, उसने एक किले पर हमला किया, जो मदुरा के लिए मार्ग देने का कार्य करता था, जिस पर कब्ज़ा करना उसके आक्रमण का मुख्य उद्देश्य था। जब स्थानीय सेनापति को आगे प्रतिरोध असंभव लगा, तो उसने किले के आत्मसमर्पण के लिए सुल्तान की अनुमति सुनिश्चित करने के लिए दो सप्ताह के संघर्ष विराम की मांग की। बल्लाल पर घमंड इतना हावी हो गया कि वह इंतजार करने को तैयार हो गया और उसने अपनी सेना की सुरक्षा के लिए एहतियाती कदम नहीं उठाए। दुश्मन ने अचानक हमला कर दिया और वीर बल्लाल व्यक्तिगत सुरक्षा के आश्वासन पर आत्मसमर्पण करने को तैयार हो गया । लेकिन एक बार सुल्तान के हाथों में पड़ने पर उसकी कोई परवाह नहीं की गई और उसे जीवित ही काट दिया गया।

कृष्णा नायक की आज़ादी की लड़ाई:

यह होयसलों की शक्ति के लिए एक बड़ा झटका थी। लेकिन दक्कन में अन्य स्वतंत्रता सेनानी भी थे। वीर बल्लाल के निधन से पैदा हुआ खाली स्थान भर गया इन नए नेताओं में से एक प्रताप रुद्र देव द्वितीय के पुत्र कृष्ण नायक थे, जिन्होंने अपने राजवंश को पुनर्जीवित करने की महत्वाकांक्षा को पूर्ण कर दिया था। जब उन्होंने दक्कन में अराजकता देखी तो उन्होंने अनुयायियों का एक समूह इकट्ठा किया। कृष्णा की बढ़ती शक्ति ने मलिक मकबूल को वारंगल खाली करने और दिल्ली लौटने के लिए मजबूर किया। उस समय के हिंदू शासकों में वीर

बल्लाल और उनके उत्तराधिकारी विरुपाक्ष बल्लाल को शक्तिशाली माना जाता था। कृष्णा ने तुर्की की शक्ति को परास्त करने के लिए वीर बल्लाल को अपने साथ मिला लिया। वारंगल, द्वारसमुद्र, कम्पिला और माबार में तुर्कों के विरुद्ध संयुक्त मोर्चा बनाने पर सहमति हुई। इसके बाद उन्होंने कंपिला के शासक से संपर्क किया, शासक उनके रिश्तेदारों में से एक था और उन्होंने अपने हित के लिए उनका समर्थन प्राप्त कर लिया। फिर गोदावरी के दक्षिण में एक शक्तिशाली तुर्की मोर्चा बनाया गया, जिसने सुल्तान मुहम्मद के गुप्तचरों को खदेड़ दिया और माबार की रियासत को ख़त्म करने की कोशिश की। लेकिन उन्हें तत्काल सफलता नहीं मिली। बल्लाल चतुर्थ की 1346 ई. में माबार के खिलाफ लड़ते हुए मृत्यु हो गई। यह हार हिंदू आकांक्षाओं के लिए फायदेमंद साबित हुई क्योंकि होयसला का अधिकांश क्षेत्र विजयनगर के शासकों के हाथों में चला गया जिससे माबार के लिए स्वतंत्र राज्य के रूप में बने रहना असंभव हो गया। लेकिन ऐसा सुल्तान मुहम्मद की मृत्यु के बाद हुआ। यह स्पष्ट है कि हरिहर और बुक्का, वीर बल्लाल तृतीय, कृष्ण देव नायक और विरुपाक्ष बल्लाल के प्रयासों के परिणामस्वरूप, सुल्तान मुहम्मद ने देवगिरी को छोड़कर दक्कन के सभी क्षेत्रों को खो दिया।

मुस्लिम विद्रोह:

वह विदेशी सूबेदार ही थे जिन्होंने नर्मदा के दक्षिण की शेष भूमि पर सुल्तान मुहम्मद के अधिकार को समाप्त कर दिया। पिछले मुस्लिम विद्रोह इस अंतिम "तख्तापलट अनुग्रह" की पृष्ठभूमि के रूप में कार्य किया था।

बहाउद्दीन गुर्शप, जलालुद्दीन अहसन, हुशांग और नुसरत खान के विद्रोह, शासनकाल के पहले भाग के दौरान हुए थे। शतपति का पहला विद्रोह 1339 ई.में हुआ था। इस विद्रोह का नेता कुतुलुग खान का अनुयायी अली शाह था। उन्हें गुलबर्गा से शाही बकाया वसूलने के लिए नियुक्त किया गया था। उसने स्थानीय गवर्नर भिरोन की हत्या कर दी और शाही खजाने पर कब्ज़ा कर लिया। फिर उसने बीदर पर हमला किया और उस पर कब्ज़ा कर लिया। लेकिन कुतुलुग ने विद्रोह करना बंद कर दिया और बंदी बनाकर उसे सुल्तान के पास भेज दिया गया तथा बाद में उसे गज़नी भेज दिया गया। हालाँकि जब वह पूर्व अनुमति के बिना भारत लौटा तो उसे फाँसी दे दी गई।

गुजरात में विद्रोह का दमन:

जब सुल्तान ने इन घटनाक्रमों के बारे में सुना तो उसने मलिक फ़िरोज़, मलिक कबीर और ख्वाजा जहाँ को दिल्ली का गवर्नर बनाया गया और स्वयं गुजरात की ओर चल दिया। कुतुलुग खान ने उन्हें व्यक्तिगत रूप से वहां न जाने की सलाह दी

और अपनी ओर से प्रतिरोध कम करने की पेशकश की। परन्तु सुल्तान ने उसकी सलाह अस्वीकार कर दी। सुल्तान के आगमन की खबर से अराजकता फैल गई और विद्रोही शरण लेकर भाग गए। मलिक मकबूल एक समूह का पीछा करने गया और नर्मदा के तट पर उन्हें हरा दिया, और उनमें से कई को उनके आश्रितों के साथ पकड़ लिया। सुल्तान ने बड़े पैमाने पर फाँसी का आदेश दिया। इससे सूबेदारों को विश्वास हो गया कि सुल्तान उन्हें कोई आवास नहीं देगा। नतीजतन, बचे लोगों ने विद्रोह करने का फैसला किया, उन्होंने उन लोगों को कड़ी सजा दी जिन्होंने मकबुल का विरोध और प्रतिरोध किया था। इससे पूरा गुजरात भयभीत हो गया लेकिन असंतोष बना रहा।

देवगिरी में असंतोष:

इस प्रकार देवगिरि के शतपति भयभीत हो गये और आत्मरक्षा की तैयारी करने लगे। सफल विद्रोह ही उन्हें पलायन का साधन प्रतीत हुआ। इस प्रकार उन्होंने गुजरात और मालवा के सभी भगोड़ों को शरण दे दी और गुप्त सैन्य तैयारी शुरू कर दी। सुल्तान ने दौलताबाद के गवर्नर के अधीन कार्यरत अधिकारियों के खातों की जांच के लिए एक जांच समिति नियुक्त की। इसके बाद एक और 'फरमान' आया जिसमें 1500 सैन्य अधिकारियों और सूबेदारों को शाही उपस्थिति के लिए बुलाया गया। वे सुल्तान के फैसले के सामने झुक गये लेकिन अपने जीवन को लेकर असुरक्षित थे। रास्ते में उनके साथ कठोरता से व्यवहार किया गया जिससे उनका संदेह और बढ़ गया। शतपतियों ने उन्हें उनके बिस्तरों में आश्चर्यचकित करने का फैसला किया और सोते समय उनमें से अधिकांश की हत्या कर दी। वे पीछे मुड़े और दौलताबाद पहुँचकर निज़ामुद्दीन पर कब्ज़ा कर लिया और अधिकारियों तथा अन्य अधिकारियों को मार डाला। किला उनके नियंत्रण में चला गया और उनके सुल्तान के रूप में मलिक मख अफगान के निर्वाचित नियंत्रण में आ गया। संपूर्ण मराठा भूमि को उनके बीच विभाजित किया गया और अपनी शक्ति को मजबूत करने के लिए वो आगे बढ़े। इन सफलताओं से माहौल में जोश भर गया और बरार, खानदेश, मालवा तथा गुजरात में असंतोष के चिन्ह एक बार फिर दिखाई देने लगे। देवगिरी इस क्षेत्र के सभी विद्रोहियों का केंद्र बन गया।

बहमनी साम्राज्य की स्थापना:

विद्रोह की खबर सुनकर सुल्तान ने देवगिरि पर चढ़ाई कर दी और विद्रोहियों को पराजित कर दिया। विद्रोहियों ने एकजुटता या आत्मविश्वास खोए बिना अपनी सेनाओं को विभाजित कर दिया और अपने कुछ नेताओं को दौलताबाद

में ही रहने दिया, जबकि वे बीदर, गुलबर्गा और अन्य किलों में चले गए। तभी गुजरात के तागी के विद्रोह की खबर आई। सुल्तान ने अपना कार्य पूरा समझकर इसे अपने अधीन छोड़ दिया और गुजरात की ओर चल दिया। यह सुल्तान द्वारा की गई एक भूल थी और अधिकारी अभियान की योजनाओं को लेकर आपस में लड़ने लगे। किले की घेराबंदी जारी रही, इस बीच हसन कंगू ने भी कुछ सहायता हासिल की

कृष्णदेव नायक. उसने अब साम्राज्यवादियों के खिलाफ एक मजबूत आक्रमण शुरू कर दिया और कई जीतों से उन्हें दक्कन को पूरी तरह से खाली करने के लिए मजबूर कर दिया। मलिक मख अफगान ने उसकी सफलता से प्रभावित होकर उसका पक्ष लिया। नेताओं की सहमति से, हसन को 1347 ई. में दौलताबाद में सिंहासन पर बैठाया गया और उसने 'अलाउद्दीन बहमन शाह' की उपाधि धारण की। इस प्रकार बहमनी साम्राज्य की स्थापना हुई जिसने दक्कन में सुल्तान मुहम्मद के साम्राज्य का 'तख्तापलट' कर दिया। हसन के लिए सौभाग्य से, सुल्तान अपना ध्यान दक्षिण की ओर केंद्रित करने के लिए कभी भी तागी के खिलाफ लड़ाई से खुद को अलग नहीं कर सका।

तागी का विद्रोह: (1347-1351 ई.)

गुजरात में विद्रोही तागी की उन्नति का श्रेय सुल्तान को जाता है । उन दिनों की राजनीतिक परिस्थितियाँ विद्रोही प्रवृत्तियों में हस्तक्षेप नहीं कर सकीं। हाल की नियुक्तियाँ निम्न और अयोग्य व्यक्तियों के पक्ष में गई थीं । हिंदू सरदार स्थापित मुस्लिम सत्ता का विरोध करने के लिए हमेशा तैयार रहते थे। राजनीतिक माहौल ने तागी को विद्रोह के लिए मजबूर कर दिया। उसने गवर्नर को मार डाला, अन्हिलवाड़ा और कैम्बे पर कब्ज़ा कर लिया और ब्रोच पर हमला कर दिया था । अनुयायियों की एक बढ़ती हुई धारा उनके बैनर तले उमड़ती रही और उन्होंने कब्जे में लिए गए अन्हिलवाड़ा, कैम्बे के खजाने की मदद से एक बड़ी सेना को शामिल किया। ब्रोच में सुल्तान उसे रोकने के लिए आगे बढ़ा लेकिन वह पीछे गिर गया। अन्हिलवाड़ा और कैम्बे के पास तीखी प्रतिस्पर्धा हुई, लेकिन तागी को अंततः सिंध में प्रवेश करने के लिए मजबूर होना पड़ा। उसकी अनुपस्थिति से राहत पाकर सुल्तान शांति और व्यवस्था बहाल करने के लिए आगे बढ़ा। इस बीच उन्होंने दिल्ली से अतिरिक्त सेना बुलाई और इस ताकत के साथ थट्टा के खिलाफ आगे बढ़े ,जहां तागी डेरा डाले हुए था। लेकिन शहर के करीब आने पर वह अचानक बीमार पड़ गए और मार्च 1351 ई. में उनकी मृत्यु हो गई।

दक्कन नीति के प्रभाव:

मराठों ने मुगल सम्राट, दक्कन के आमीरों ने जो औरंगजेब के साथ किया, वह छोटे पैमाने पर और बहुत कम संसाधनों के साथ मुहम्मद तुगलक के खिलाफ किया गया।डॉ मीरा सिंह कहती हैं "उनके दक्कन कारनामों ने उन्हें शारीरिक रूप से थका दिया, राजनीतिक रूप से बर्बाद कर दिया और आर्थिक रूप से बर्बाद कर दिया। ''

अपनी शक्ति को मजबूत करने के लिए सुल्तान ने अपनी राजधानी दौलताबाद में स्थानांतरित कर दी। इससे न केवल (i) राजकोष ख़त्म हो गया (ii) उसकी लोकप्रियता भी कम हो गई ।

यह दक्कन ही था जहां एक स्वतंत्र साम्राज्य की स्थापना हुई जिसने विघटन की ताकतों को ढीला छोड़ दिया।एक के बाद एक प्रांत साम्राज्य से हारते गए और मदुरा, विजयनगर, वारंगल, द्वारसमुद्र और गुलबर्गा में स्वतंत्र साम्राज्य ने दक्षिण के सभी सुल्तानों के कब्जे को विभाजित कर दिया।दक्कन के साथ संपर्क ने उत्तर पर प्रतिकूल प्रभाव डाला, जिसके कारण कारा, समाना, सुनाम और लाहौर और हांसी में विद्रोह हुआ।दक्कन में सूबेदारों के विद्रोह के कारण मालवा और गुजरात में उनके खिलाफ कदम उठाने पड़े, जिससे वहां और सिंध में गंभीर असंतोष के बीज बोए गए और उत्तर की स्थिरता प्रभावित हुई।राजधानी के स्थानांतरण के कारण किश्लू खान का विद्रोह हुआ।दक्कन प्रशासन को पुनर्गठित करने के प्रयास के कारण ऐन-उल-मुल्क मुल्तानी का भयानक विद्रोह हुआ।

विफलता के कारण:

मुहम्मद तुगलक की दक्कन नीति बुरी तरह विफल रही। हालाँकि, सुल्तान की विफलता का मुख्य कारण दक्षिण पर उसका प्रभुत्व था। संचार के तेज़ साधनों के अभाव में, दक्कन और दक्षिण भारत पर स्थायी कब्ज़ा सुरक्षित करना वास्तव में असंभव था। यदि मुहम्मद ने मुस्लिमों की क्रमिक घुसपैठ की कल्पना की होती और हिंदू सरदारों और उनकी प्रजा के प्रति अधिक सौम्य नीति का पालन किया होता, तो हिंदू सल्तनत शासन के साथ सामंजस्य स्थापित कर लेते। प्रचलित वास्तविकताओं के कारण शतपतियों की आत्मसात में तेजी आई, इसने केवल स्थानीय लोगों की शत्रुता और संदेह को बढ़ावा दिया।

हिन्दूओं तथा निम्न कुल के लोगों को राज्यपाल नियुक्त किये जाने से मुसलमान नाराज थे। साम्राज्य का व्यापक विस्तार भी उसकी विफलता का एक कारण था। मुगलों के शासनकाल में एक बार फिर वही कहानी दोहराई गई। केवल आधुनिक समय में ही संचार के उन्नत साधनों के कारण उत्तर को दक्षिण से एक गवर्नर के अधीन जोड़ना संभव है। इससे पहले मौर्यों, सातवाहनों, राष्ट्रकूटों,

तुगलक, मुगलों और मराठों का यह एक समान अनुभव था कि उत्तर और दक्षिण के राज्यपाल को अधिक समय तक एक ही राज्यपाल के अधीन नहीं रखा जा सकता था। इस दोष की अनदेखी करने के कारण ही सुल्तान को विपत्ति का सामना करना पड़ा और यह दोष औरंगजेब जैसे उसके पूर्ववर्तियों द्वारा शुरू किया गया था। सच है, उसने दक्कन के प्रशासन में गलतियाँ कीं लेकिन वह माबार , कंपिला, वारंगल, द्वारसमुद्र की स्वतंत्रता में मदद नहीं कर सका जिससे हर जगह विद्रोह को बढ़ावा मिलना तय था।

विफलता के कारण:

स्वयं एक बहादुर योद्धा होने के कारण, अलाउद्दीन खिलजी के विपरीत, मुहम्मद तुगलक को कभी भी असाधारण सैन्य प्रतिभा वाले लोगों द्वारा सहायता प्राप्त करने का सौभाग्य नहीं मिला। दूसरी ओर, मुहम्मद तुगलक, "अपने लड़खड़ाते साम्राज्य को सहारा देने के लिए सहायता की तलाश में था, लेकिन वे सभी बिना किसी योजना या नीति के मध्यस्थ थे और उसे बहुत कम सहायता प्रदान कर सके"। प्रत्येक संकट के लिए सुल्तान की उपस्थिति की आवश्यकता होती थी और जो ऊर्जा शक्तिशाली चुनौतियों के लिए आरक्षित होनी चाहिए थी वह छोटे मुद्दों पर खर्च की जाती थी।

मुहम्मद तुगलक ने कभी किसी से सलाह नहीं ली जबकि उसके पास स्वयं छठी इंद्रिय का अभाव था - जो किसी भी प्रशासक के लिए आवश्यक है। नतीजतन, "उनकी कूटनीति की कमी, अपने दुश्मनों के प्रति उनकी अवमानना (सभी निरंकुशों की विशेषता, अपनी ताकत के अतिरंजित अनुमान से अंधे हो जाना) और अपनी योजनाओं को क्रूर तरीके से निष्पादित करने की उनकी तीव्र चिंता, उनकी विफलता का कारण बनती है"।

सुल्तान की सुधारों के प्रति प्रतिबद्धता के बावजूद मुहम्मद की सेना कभी भी दक्षता हासिल नहीं कर पाई। मुहम्मद के पास अधिक अंतर्दृष्टि का अभाव था कि असंभव 'संभव अच्छे' से बेहतर था। वह अपने प्रभुत्व को एक एकीकृत इकाई पर सुदृढ़ करने के प्रति इतना जुनूनी था कि उसने कूटनीति और व्यावहारिकता के सभी विचारों को नजरअंदाज कर दिया। इस अर्थ में उसकी दक्कन नीति निरर्थक सिद्ध हुई। मुहम्मद का गलत समय चयन भी उनकी विफलता का कारण बना।ईश्वरी प्रसाद की टिप्पणी के अनुसार लोगों की अज्ञानता के कारण योजनाएं विफल हो गईं। योजनाएँ उनके समय से बहुत आगे की थीं।

मुहम्मद बिन तुगलक की मृत्यु:

बदायूँनी ने कहा, "राजा इन लोगों से मुक्त हो गया और वे अपने राजा से" 2 मार्च 1351 ई. को थट्टा पहुँचने पर ही उसकी मृत्यु हो गई। जब वह सिंध की ओर बढ़ा तो वह बीमार पड़ गया और बीमारी से ही उसकी मृत्यु हो गई । मुहम्मद अपने शासनकाल के दौरान विद्रोहों को दबाने में व्यस्त रहे और एक को दबाते हुए उनकी मृत्यु हो गई। पहले तो वह कुछ को दबाने में सफल रहा बाद में सैन्य शक्ति की कमी के कारण वह पराजित हो गया। धन और प्रजा तथा कुलीनों में बढ़ती अप्रसन्नता, उनकी दोषपूर्ण नीतियों, कार्यान्वयन के कारण विद्रोह हुए। इन विद्रोहों की परिणति साम्राज्य के विघटन के रूप में हुई।

भारतीय मध्यकालीन इतिहास के शासकों में मुहम्मद बिन तुगलक सबसे दुखद व्यक्तित्व है। जैसा कि लेनपूल ने भी कहा है, "उच्च इरादों की एक त्रासदी जो स्वयं पराजित हो गई"। वह मध्यकालीन भारतीय इतिहास के सबसे विवादास्पद व्यक्तित्वों में से एक हैं। डॉ. आर.सी. मजूमदार के अनुसार, “मध्यकालीन भारत में किसी भी शासक ने अपनी नीति और चरित्र के बारे में मुहम्मद तुगलक के समान इतनी चर्चा नहीं जगाई।” एफिलस्टोन का विचार था कि मुहम्मद कुछ हद तक पागलपन से प्रभावित थे और हैवेल, एडवर्ड थॉमस और स्मिथ जैसे लेखकों ने उनका अनुसरण किया है। गार्डनर ब्राउन ने मुहम्मद के जीवन के अंधेरे पहलू को पूरी तरह से नजरअंदाज कर दिया है और उन्हें पागलपन, खून का प्यासा और अदूरदर्शी होने के आरोपों से मुक्त कर दिया है। तुगलक के व्यक्तित्व, गुण और दोषों के बारे में बरनी और इब्न बतूता के विचार विपरीत हैं।

बरनी ने उन्हें अपने समय के सबसे विद्वान और निपुण विद्वानों में से एक बताया है, इसमें कोई आश्चर्य नहीं कि उनके समकालीनों ने उनकी प्रशंसा की है। बरनी ने उनका वर्णन "एक विद्वान , सृष्टि का एक वास्तविक आश्चर्य" के रूप में किया है जिनकी क्षमताओं ने अरस्तू और आसफ को भी आश्चर्यचकित कर दिया होगा। दूसरी ओर इब्न बतूता उसकी विनम्रता, उसकी न्याय की भावना और असाधारण उदारता एवं गरीबों के प्रति दयालुता को स्वीकार करते हुए कहता है कि उसमें खून बहाने का अदम्य साहस था। उसका प्रवेशद्वार शायद ही किसी ऐसे व्यक्ति की लाश से मुक्त हुआ हो जिसे फाँसी दी गई हो। मुहम्मद तुगलक की आलोचना का मुख्य कारण यह है कि उसमें व्यावहारिक निर्णय और सामान्य ज्ञान का अभाव था। इब्न बतूता ने उनका वर्णन "सबसे विनम्र व्यक्ति और जो सही और न्यायपूर्ण काम करने के लिए सबसे अधिक इच्छुक है" के रूप में किया है।

बरनी, याहिया बिन अहमद सरहिंदी, बदायूँनी, निज़ाम-उद-दीन अहमद और फ़रिश्ता ने गलत कहा है कि तुगलक एक धार्मिक व्यक्ति नहीं था और वह पवित्र और विद्वान पुरुषों के वध के लिए जिम्मेदार था। इब्न बतूता ने सकारात्मक रूप से दावा किया है कि "मुहम्मद तुगलक धर्म के सिद्धांतों का निष्ठा से पालन करता था और स्वयं प्रार्थना करता था और उनकी उपेक्षा करने वालों को दंडित करता था"। इब्न बतूता को दो अन्य समकालीन लेखकों, शिहाब-उद-दीन अहमद और बदर-ए-चाच का समर्थन प्राप्त है। ऐसा प्रतीत होता है कि मुहम्मद का एकमात्र दोष यह था कि उन्होंने काजी और अन्य मुस्लिम देवताओं द्वारा प्रतिपादित कानून की अनदेखी की थी।

मुहम्मद बिन तुगलक ने बरनी से घोषणा की, "मेरा राज्य रोगग्रस्त है और कोई इलाज इसे ठीक नहीं करता है। चिकित्सक सिरदर्द और बुखार को ठीक कर देता है और कुछ और देखरेख करता है"। उन्होंने आगे कहा कि उनका राज्य अव्यवस्था की स्थिति में था और वह एक हिस्से में विद्रोह होने पर दूसरे हिस्से में विद्रोह को दबा देते थे। रईसों को बहुत सारा धन बाँटकर वह उन्हें अपने पक्ष में नहीं कर सका और एक बार दोषी पाए जाने पर उसे कड़ी सजा दी गई। जितनी अधिक सज़ा दी गई, लोगों ने उतना ही अधिक विरोध किया।''

मुहम्मद बिन तुगलक को 'विपरीतताओं का मिश्रण' बताया गया है। यदि उनमें गुण थे तो दोष भी थे। इब्न बतूता ने मुहम्मद के चरित्र का इस प्रकार वर्णन किया है और वी.ए. स्मिथ ने भी इब्न बतूता के वर्णन को इसी प्रकार स्वीकार किया है। वह दयालु और उदार, विनम्र होने के साथ-साथ अत्यंत क्रूर भी था। उसने अपने पास आने वाले कई लोगों को उपहार दिए और कई लोगों की मौत का जिम्मेदार भी था। सुल्तान का स्वभाव ऐसा था कि किसी को भी निश्चित नहीं था कि उसे क्या मिलेगा। उन्होंने लोगों की भावनाओं की परवाह नहीं की। उसके पास धैर्य का कोई संतुलन नहीं था। उसे अनुपात की कोई समझ नहीं थी, इसमें कोई आश्चर्य नहीं कि वह असफल रहा।

डॉ. ईश्वरी प्रसाद ने मुहम्मद को विरोधाभासों का एक अद्भुत मिश्रण बताया है। डॉ. प्रसाद बताते हैं कि खून की प्यास और पागलपन के आरोप ज्यादातर निराधार हैं। किसी भी समकालीन इतिहासकार ने ऐसा कुछ नहीं कहा, जिससे यह साबित हो सके कि वह पागल था। यह संभव है कि एफिलस्टोन और अन्य यूरोपीय लेखक इब्न बतूता के इस कथन से गुमराह हो गये हों कि शव हमेशा प्रवेश द्वार पर पाए जाते हैं। बरनी ,ने सुल्तान के बुद्धिवाद की निंदा की है। वे बहुत कड़ी भाषा में उनके दार्शनिक अटकलों की निंदा करते हैं। यह साबित के लिए कुछ भी

नहीं है कि उन्होंने मानव प्रजातियों के विनाश में रुचि ली और मानव शिकार का आयोजन किया।

डॉ. आर.सी. मजूमदार के अनुसार, “मध्ययुगीन भारत में कोई भी शासक इतना विवादग्रस्त नहीं हुआ, बिना किसी अपवाद के मुस्लिम इतिहासकार उसे खून का प्यासा तानाशाह बताते हैं और उसके कार्यो की कड़ी निंदा करते हैं। मुहम्मद का चरित्र दो चरम सीमाओं के बीच में था और संभवतः इसे विरोधों के मिश्रण के रूप में वर्णित किया गया है। उनमें कई क्रूरताओं के साथ-साथ कई अच्छे गुण भी थे।

हालाँकि, गार्डनर ब्राउन ने मुहम्मद को इन सभी विस्मयादि बोधकों से मुक्त कर दिया है। लैनपूल के अनुसार "मुहम्मद तुगलक मध्यकालीन भारत का सबसे प्रभावशाली व्यक्ति था"। वह अपनी उम्र से कहीं आगे समय के विचारों वाले व्यक्ति थे। उन्होंने सुल्तान के साहित्यिक ज्ञान और उसके विचारों की प्रशंसा की थी।

सर वूल्स्ले हैग के अनुसार, "वह अब तक सिंहासन पर बैठने वाले सबसे असाधारण राजाओं में से एक थे"। उन्होंने अपने चरित्र को जटिल और विरोधाभासी बताया, उनके सैन्य और नागरिक प्रशासन ने उनकी उच्चतम स्तर की क्षमताओं का प्रमाण दिया।

प्रोफेसर के.ए. निज़ामी ने उन्हें "मध्यकालीन भारत के सबसे प्रभावशाली व्यक्तित्वों में से एक" कहा है। उन्होंने उनके विभिन्न विषयों के ज्ञान, उनके सुगठित शरीर की प्रशंसा की है। उन्होंने एशिया और अफ्रीकी देशों से शुरू करके बाहरी दुनिया के साथ सांस्कृतिक संपर्क स्थापित किए, खुरासान, इराक, सिस्तान, मिस्र, ट्रान्सोक्सानिया के लोग उनके दरबार में आए और दुनिया के बाहर के विकास की प्रत्यक्ष जानकारी प्राप्त की। उनकी राजनीतिक दृष्टि व्यापक और गतिशील थी, फिर भी वे अखिल भारतीय प्रशासन स्थापित करने में विफल रहे। उन्हें एक विशाल साम्राज्य विरासत में मिला था जिसे नियंत्रण में रखना उनके लिए कठिन था, उनके प्रयोग भी बुरी तरह विफल रहे। प्रोफेसर के.ए.निज़ामी का कहना है कि तुगलक का सही अनुमान लगाते समय तीन बातों का ध्यान रखना चाहिए। प्रथम, दिल्ली के किसी भी सुल्तान को इतनी कठिनाइयों और संगठित विद्रोहों का सामना नहीं करना पड़ा। दूसरा, वह दिल्ली सल्तनत के शासकों में से एक है ,जिसके जीवन पर कभी भी हत्या का प्रयास नहीं किया गया। तीसरा, वह एक सैनिक था ,जो किसी भी हत्यारे के खंजर या महल के विद्रोह से नहीं डरता था।

डॉ. आर.सी. मजूमदार ने कहा है कि वह पागल या राक्षस नहीं थे, वह विपरीतताओं का मिश्रण थे। उनके पास अच्छे विचार तो थे ,लेकिन उन्हें क्रियान्वित करने की क्षमता नहीं थी। उनकी नीति और चरित्र ने तुगलक वंश के पतन में योगदान दिया।

मुहम्मद तुगलक के बारे में अलग-अलग आकलन किये गये हैं। उन्हें "असंगतियों का समूह", "सृष्टि का आश्चर्य", "प्रकृति का एक सनकी", "एक बुरा आदमी" और "एक पागल आदमी" कहा गया है। हालाँकि, शिहाबुद्दीन-उल-उमुरी, अल-क़ल्का शांडी, इब्न-ई -हकास असकलानी और सलाह-उद-दीन सफ़ादी जैसे विदेशी विद्वानों ने सुल्तान की विद्वता, उदारता और विदेशी विद्वानों के साथ सौहार्दपूर्ण व्यवहार के कारण उसकी प्रशंसा की है। इब्न बतूता, सुल्तान की उदारता की प्रशंसा करता है, लेकिन उसकी फाँसी देने की सजा की निंदा करता है। इसामी ,का कहना है कि सुल्तान एक दूसरा यज़ीद, अत्याचारी था जो निंदा का पात्र था। वह अपने विरुद्ध सभी विद्रोहों को उचित ठहराता है। बरनी, ने तुगलक को "विपरीतताओं का मिश्रण" बताया । प्रोफेसर निज़ामी का कहना है कि यह सुल्तान नहीं था जो "असंगतियों का समूह" या "विपरीतताओं का मिश्रण" था।

मुहम्मद अपने प्रयोगों की विफलता के कारण मुख्य रूप से विरोधाभासों में स्थापित हो गए हैं। यदि मुहम्मद की आज्ञा का पालन नहीं होता, तो सुधार भी समान रूप से होते। शांत और गणनात्मक संयम से मेल खाते हुए, वह निस्संदेह मध्ययुगीन युग के एक उत्कृष्ट सम्राट के रूप में स्थान पर होता। दुर्भाग्य ,से उनके विभिन्न कार्यों या प्रचलित शर्तों के खुलेआम उल्लंघन के कारण जल्दबाजी में किए गए कार्यान्वयन का अंत निश्चित रूप से हुआ। लेनपूल ने इस प्रकार कहा है, "अच्छे इरादों, उत्कृष्ट विचारों के साथ, लेकिन धैर्य का कोई संतुलन नहीं, अनुपात की कोई भावना नहीं, मुहम्मद तुगलक एक उत्कृष्ट विफलता थी। सभी गुणों के बावजूद वह एक शासक के रूप में विफल रहा और इस प्रकार उसे इतिहास में कभी भी एक सक्षम शासक नहीं माना जा सकता। इस प्रकार, दिल्ली के सुल्तानों के बीच सुल्तान की प्रतिष्ठा एक शासक के रूप में उसकी सफलता के आधार पर नहीं, बल्कि उसकी विद्वता और व्यक्तिगत चरित्र के कुछ गुणों के कारण थी। सर वूल्सले हैग ने लिखा है कि "वह सिंहासन पर बैठने वाले सबसे असाधारण राजाओं में से एक थे"।

ग्रंथ सूची

1.इश्तियाक अहमद ज़िली,तारीख-ए-फिरोज़ शाही(एक अंग्रेजी अनुवाद), प्राइमस बुक्स, 2015

2.ज़ियाउद्दीन बरानी,फतवा-ए-जहांदारी का अनुवाद, दिल्ली सल्तनत का राजनीतिक सिद्धांत, अनुवादक (मोहम्मद हबीब),किताब महल,1961

3.डॉ. के.के. अजीज, मुहम्मद बिन तुग़लक : ए स्टडी ऑफ़ रिलीजियस पोलिटिक्स , संगम बुक्स, लाहौर, पाकिस्तान,1976

4.शिरीन मूसवी, मुहम्मद बिन तुग़लक , ऑक्सफोर्ड यूनिवर्सिटी प्रेस, नई दिल्ली, 1997

5.एम. ए. खान , द रेन ऑफ़ मुहम्मद बिन तुग़लक, ओरिएंट लोंगमैन, नई दिल्ली,1971

6. पी. के. सिन्हा, मुहम्मद बिन तुग़लक : द सुल्तान हु सेड नो ,रुपा एंड कंपनी, नई दिल्ली, 2003

7.अमरिंदर सिंग,द सुल्तान ऑफ़ दिल्ली :मुहम्मद बिन तुग़लक ,रुपा एंड कंपनी, नई दिल्ली, 2003

8. एस. आर. शर्मा , मुहम्मद बिन तुग़लक़ : द मिसुन्दरस्टूड मोनार्क , मोतीलाल बनारसीदास , नई दिल्ली ,2000

9. मिडिवल इंडिया (1206 -1757),कौलेश्वर राय ,किताब महल एजेंसीज ,अलाहाबाद ,1993

10. ए. एल.श्रीवास्तव तुग़लक़ : ए. एल.श्रीवास्तव तुग़लक़ : द लास्ट ऑफ़ द ग्रेट दिल्ली सुल्तानस ,विकास पब्लिशिंग हॉउस ,नई दिल्ली ,1981

11.सईद शहाबुद्दीन ,मुहम्मद बिन तुग़लक:द टैरंट सुल्तान,अलाइड पब्लिशर्स,मुंबई,1991

12. विलियम डालरिम्पल, द लास्ट मुग़ल : द फॉल ऑफ़ ए डायनेस्टी ,दिल्ली ,1857 ,ब्लूम्सबर्ग ,लंदन ,इंग्लैंड ,2006

13. अनुजा चंद्रमौलि ,मुहम्मद बिन तुग़लक़ टेल ऑफ़ ए टैरंट , पेंगुइन इबरी प्रेस ,इंडिया ,2019

14. सतीश चंद्रा ,हिस्ट्री ऑफ़ मिडिवल इंडिया,ओरिएंट ब्लैकस्वान प्राइवेट लिमिटेड ,इंडिया ,2020

15. आई.ब्रिग्ग्स ,हिस्ट्री ऑफ़ द रेन ऑफ़ मुहम्मद तुग़लक , बॉम्बे ब्रांच ऑफ़ द रॉयल एशियाटिक सोसाइटी ,बॉम्बे ,1829

16. मेंस्टुअर्ट एल्फिंस्टोन ,द हिस्ट्री ऑफ़ इंडिया, जॉन मुरै ,लंदन ,1841

www.ingramcontent.com/pod-product-compliance
Lightning Source LLC
LaVergne TN
LVHW091222150826
845673LV00003B/976

* 9 7 9 8 8 9 6 7 3 5 7 8 6 *